Online beraten und verkaufen

Jan Helmut Hönle

Online beraten und verkaufen

So führen Sie Kunden persönlich durch den Kaufprozess im Internet

Jan Helmut Hönle
Pfofeld, Deutschland

ISBN 978-3-658-00934-2   ISBN 978-3-658-00935-9 (eBook)
DOI 10.1007/978-3-658-00935-9

Die Deutsche Nationalbibliothek verzeichnet diese Publikation in der Deutschen Natio-
nalbibliografie; detaillierte bibliografische Daten sind im Internet über http://dnb.d-nb.de
abrufbar.

Springer Gabler
© Springer Fachmedien Wiesbaden 2013

Lektorat: Manuela Eckstein

Gedruckt auf säurefreiem und chlorfrei gebleichtem Papier

Springer Gabler ist eine Marke von Springer DE. Springer DE ist Teil der Fachverlagsgruppe
Springer Science+Business Media.
www.springer-gabler.de

Vorwort von Karl Werner Schmitz

Liebe Leserinnen und Leser,

es freut mich sehr, dieses Vorwort schreiben zu dürfen, weil Jan Helmut Hönle weit mehr als nur ein junger Kollege für mich ist.

Er hat 2000 an meinem Intervall-Profi-Training teilgenommen. Er hat damals in der Allianz-Agentur seines Vaters gearbeitet und wollte wirklich mehr Erfolg. Das wollen viele, aber nicht jeder startet so durch. Jan Helmut Hönle zählte zu den Teilnehmern, die sich richtig engagieren und einfach mehr wollen als nur das Übliche, den Durchschnitt, das, was alle erreichen möchten.

Schnell stellte sich heraus, dass die Konstellation in Vaters Agentur nicht optimal war, und so machte er sich als Makler selbstständig. Und er beherzigte von Anfang eine einfache Erfolgsregel: „Nicht breit, sondern spitz" in den Markt gehen. Er spezialisierte sich auf „Fremdwährungsdarlehen" und lernte das Internet für sich selbst optimal zu nutzen. www.baufi-tipp.de ging an den Start, und er wurde immer erfolgreicher, sowohl als Makler vor Ort als auch als „Telefonverkäufer" von Baufinanzierungen.

Es gibt immer wieder mal Teilnehmer, die mehr und mehr zu Freunden werden, so war es auch zwischen uns beiden. Der Kontakt hielt, wir tauschten uns öfter aus und entwickelten uns dadurch beide weiter.

2005 kam dann der Sprung. Wir lernten das Konferenzsystem von CSN® in Düsseldorf kennen – und so wurde die KOKON-Strategie geboren. Ich bot Online-Seminare an und Jan Helmut Hönle setzte meine und seine Ideen in seiner Praxis erfolgreich um. Ich glaube sagen zu können, dass wir in der Online-Beratung und im Online-Verkauf sowie in der Online-Schulung echte Pioniere waren.

Er perfektionierte die Technik, erfolgreich online zu beraten und zu verkaufen, und ich habe mich 2007 wieder ganz auf die Haptik und „5 Sinne verkaufen mehr" konzentriert.

Es hat mich SEHR gefreut, dass Jan Helmut Hönle sich schließlich entschieden hat, Trainer und Speaker zu werden. Von Albert Schweitzer stammt der Satz: „Man darf nur das lehren, was man auch leben kann." Das hat Jan

Helmut Hönle beherzigt. Und auch als Trainer ist es ihm rasch gelungen, in die obere Liga aufzusteigen – jetzt zeigt er Menschen, die wie er online beraten und verkaufen wollen, was sie dabei beachten sollten.

Besonders stolz macht es mich, dass Jan Helmut Hönle nicht einer von denen ist, die nur schöne Worte machen und wissen, wie es in der Theorie funktioniert. Nein: Er arbeitet mit seinen Teilnehmern Schritt für Schritt an der Umsetzung in die Praxis. So erhält jeder, der sich als Online-Berater selbstständig macht, sein virtuelles Büro und die auf seinen Bedarf passende Marketing-Maschine. Und nun schreibt er schon sein erstes Buch.

Liebe Leserinnen und Leser, ich bin nun seit 25 Jahren Trainer und zähle – so darf ich sagen – zu den Spitzentrainern. Da erlebt man viel. Und in dem explodierten Markt von Speakern, Trainern und Coachs direkt mit oben dabei zu sein, ist eine besondere Leistung. Bei Jan Helmut Hönle aber hat das seine Gründe: Zum einen ist da die enorme Kompetenz, das praktische Fachwissen, abgeleitet aus der eigenen Erfahrung. Auf der anderen Seite ist es der Mensch – Jan Helmut Hönle, der nicht unbedingt zu den Lauten seines Fachs gehört, aber zu den Guten. Denn er möchte seine Kunden nicht nur erfolgreicher machen, sondern ihnen auch die Gelegenheit geben, zu Freunden zu werden.

Es ist wie bei seinem Konzept der Online-Beratung: Was zählt und im Vordergrund steht, ist die persönliche Beziehung.

Ich wünsche den Leserinnen und Lesern die Aufmerksamkeit, die es braucht, um die Inhalte dieses Buch umzusetzen. Und ich wünsche meinem Freund Jan Helmut Hönle, dass er möglichst vielen Menschen zeigt, welche Umsatz- und Gewinnpotenziale die Online-Beratung auch für sie bereithält.

Karl Werner Schmitz

www.haptisches-verkaufen.de

Vorwort des Autors

Dieses Buch möchte verschiedenen Menschen eine Chance bieten. Zunächst einmal natürlich Ihnen, liebe Leserinnen und Leser. Denn ohne falsche Bescheidenheit: Ich gehe davon aus, dass Sie als Berater, Verkäufer oder Unternehmer unterwegs sind und jetzt Ihr Leistungsspektrum um die Online-Beratung und den Online-Verkauf erweitern möchten. Sie wollen die Online-Beratung als Vertriebschance der Zukunft nutzen.

Und wer sich ein neues Themenfeld erschließen möchte, sucht zunächst einmal nach authentischen und nützlichen Informationen. Dieses Buch, so hoffe ich, wird Ihren Informationshunger stillen, indem es Sie an die Hand nimmt und mit Ihnen die sieben Schritte geht, die Sie zur Online-Beratungskompetenz führen. Sie erfahren, wie Sie online Kunden gewinnen, überzeugen und begeistern.

Dabei möchte ich auch mit einem Vorurteil aufräumen: „Online-Beratung" – viele Menschen denken dabei an eine anonyme Beratung. Online-Beratung ist aber alles andere als das – im Gegenteil: In diesem Buch erfahren Sie, wie Sie auch bei der Online-Beratung eine emotional gefärbte und persönliche Beziehung zu Ihren Kunden aufbauen. Es bleibt, wie es ist: Bei der Online-Beratung steht das persönliche Einzelgespräch im Vordergrund – aber eben auf eine andere Art und Weise, nämlich ohne dem Kunden gegenüber zu sitzen.

Dieses Buch bietet aber natürlich auch mir Chancen. Zum einen die Chance, mich als Coach und Trainer für die Online-Beratung zu positionieren und zu profilieren. Ganz uneigennützig habe ich dieses Buch natürlich nicht verfasst.

Zum anderen bietet es mir die Chance, mein in über zehn Jahren erworbenes Know-how als Online-Berater an Sie weiterzugeben. Ihr Vorteil dabei: Sie profitieren von meinen Erfahrungen, aber auch von meinen Fehlern. Warum sollen Sie auch noch auf die heiße Herdplatte fassen, wenn ich dies schon für Sie getan habe und Ihnen zeigen kann, welche Fehler Sie auf welche Art und Weise vermeiden, wenn es um den Erwerb der Online-Kompetenzen geht?

Der Leser im Buch

Besonders freue ich mich, dass Sie mich bei der Niederschrift dieses Buches so unterstützt haben!

Sie fragen, wie das sein kann? Nun – vielleicht hat der eine oder andere von Ihnen bei mir eine Beratung mitgemacht oder einen meiner Vorträge gehört. Entscheidend aber ist: Sie kommen in diesem Buch vor! Wenn auch nur indirekt, wie ich gleich zugeben will. Denn an zahlreichen Stellen in diesem Buch finden Sie Passagen, in denen sich ein fiktiver Leser einschaltet, der Einwände erhebt und mir, dem Autor, Fragen stellt: Verständnisfragen und auch kritische Fragen.

Vielleicht sind dies genau die Fragen, die auch Sie mir stellen würden, wenn wir uns denn von Angesicht zu Angesicht oder auch online gegenübersitzen oder begegnen würden.

Natürlich wäre es fantastisch, wenn sich dieser fiktive Leser-Autor-Dialog zu einem wirklichen Dialog entwickeln würde. Wenn Sie also während oder nach der Lektüre dieses Buches Fragen oder Anregungen, Kritik oder Verbesserungsvorschläge haben: Sie finden meine Kontaktdaten auf Seite 167.

Es kann durchaus sein, dass jener fiktive Leser durch seine kritischen Anmerkungen, Einwände und Fragen ein wenig nervt. Letztendlich jedoch legt er die Finger in die Wunde und zwingt mich, den Autor, meine Ausführungen zu vertiefen, zu überdenken und auch einmal eine andere Perspektive als die eigene einzunehmen.

Auf diese Weise entsteht zwischen dem fiktiven Leser und mir eine gesprächsähnliche Situation, durch die ich Ihre Bedenken beim Erwerb von Online-Kompetenz aufgreifen und, hoffentlich, zerstreuen kann.

Danke schön!

Das, was Sie in diesem Buch lesen, verdanke ich vielen Menschen, denen ich begegnet bin, beruflich und privat. Diesen Menschen danke ich dafür, dass sie zum Gelingen dieses Buches beigetragen haben. Vor allem danke ich meinen Kunden und Seminarteilnehmern, deren Feedback und Praxisbeispiele in die folgenden Kapitel eingeflossen sind. Jedes einzelne meiner Online-Beratungsgespräche, das ich in den letzten zehn Jahren führen durfte, bildet ein Mosaiksteinchen, das zu der innovativen KOKON-Strategie beigetragen hat, die Sie gleich kennenlernen werden.

Praktische Hinweise

Bevor es losgeht und wir uns um den Zukunftsmarkt im Vertrieb kümmern, noch ein paar praktische Hinweise. Sie nutzen dieses Buch am besten, indem Sie es nicht nur konsumieren und lesen, sondern es als Quelle für eigene Ideen und Konzepte ansehen.

Die Buchinhalte basieren allesamt auf meinen Erfahrungen; die Vorgehensweise, Online-Kompetenz in sieben Schritten aufzubauen, würde ich Ihnen auch empfehlen, wenn Sie mir im Coaching gegenübersäßen, das ich Menschen anbiete, die als Online-Berater arbeiten wollen.

Aber natürlich können Sie auch ganz anders vorgehen. Darum: Lesen Sie das Buch mit Notizblock und Bleistift, notieren Sie Ihre Ideen, die Sie beim Lesen haben, verstehen Sie meine Hinweise als Anregungen und Denkanstöße. Entwickeln Sie meine Hinweise, verwerfen Sie sie auch ruhig und ersetzen Sie sie durch eigene Kreationen. Oder übernehmen und nutzen Sie sie so, wie ich sie niedergeschrieben habe.

Natürlich stehe ich voll und ganz hinter dem, was ich für Sie festgehalten habe. Nur in einem Punkt ist Vorsicht geboten: Wenn ich Produkte empfehle, mich zum technischen Entwicklungstand und zur Leistungsfähigkeit von Geräten und Tools äußere oder Preise nenne, so geschieht dies auf dem Stand der Dinge im August 2012. Bitte recherchieren und überprüfen Sie diese Angaben, etwa im Internet.

Und zu guter Letzt: Ich verzichte in diesem Buch auf die doppelgeschlechtliche Anrede. Der Grund ist ein ganz praktischer: Der Verlag und ich haben uns dazu entschlossen, weil wir der Meinung sind, dass dies zur besseren Lesbarkeit beiträgt. Wenn ich also in diesem Buch von Kunden oder Beratern spreche, sind die Kundinnen und Beraterinnen selbstverständlich mit gemeint.

Ihr

Jan Helmut Hönle

Inhalt

Vorwort von Karl Werner Schmitz 5

Vorwort des Autors 7

Einleitung: Online-Beratung und Online-Verkauf als Zukunftschance ... 15

Zukunftschance Online-Beratung 16

Warum Sie Online-Beratungskompetenz aufbauen sollten 18

Wie Sie in sieben Schritten Online-Beratungskompetenz aufbauen 22

Schritt 1: Die KOKON-Strategie –
Holen Sie den Kunden dort ab, wo er ist: im Internet 25

Die KOKON-Strategie als Antwort auf den gesellschaftlichen Wandel 25

    Der Cocooning-Effekt 26

    Der Kunde im Internet 29

Die Ablaufsystematik der KOKON-Strategie 35

Schritt 2: Vermeiden Sie die fünf Todsünden bei der Online-Beratung ... 39

Todsünde 1: Fehlende Positionierung –
ohne klare Positionierung gehen Sie im Netz verloren 39

Todsünde 2: Beratung pur –
Online-Beratungskompetenz allein genügt nicht 43

Todsünde 3: Reiner Produktverkauf –
emotionalisieren Sie Ihre Online-Beratung 45

    Haptische emotionale Erlebnisse anstoßen 47

    Die Grundbedürfnisse des Menschen beachten 49

    Den Kundentyp erkennen 52

Todsünde 4: Technik unterschätzt – bauen Sie ein Basiswissen auf 53

Todsünde 5: Tohuwabohu bei der Umsetzung –
setzen Sie die richtigen Prioritäten 55

**Schritt 3: Führen Sie das persönliche Online-Beratungsgespräch
von Mensch zu Mensch** **59**

„Sind Sie gerade online?" 59

Beratungsgespräch auf Augenhöhe:
die zehn Phasen des Online-Beratungsgesprächs 63

Struktur und Phasen der Online-Beratung 65

Erste Phase: Kennenlernen, Begrüßung und Vorstellung auf allen
Sinnesebenen 66

Zweite Phase: Interesse wecken und Bedarf oder Problem lasergenau
feststellen 70

Dritte Phase: Mit professioneller Vorqualifizierung Ressourcen
optimal einsetzen 75

Vierte Phase: Mit Vorabschluss Online-Beratung
zum Auftrag hinführen 77

Fünfte Phase: Lösungsmöglichkeiten mit Topfolien präsentieren 79

Sechste Phase: Einwände mit Profi-Methoden bearbeiten 84

Siebte Phase: Abschluss, Weiterempfehlungen und Referenzen –
Feedbackformular nutzen 87

Achte Phase: Die Verabschiedung –
auch der letzte Eindruck ist entscheidend 91

Neunte Phase: Bei der Nachbereitung (After Sales) immer wieder
neue Impulse setzen 93

Zehnte Phase: Cross Selling mit Webinaren 97

Führen Sie einen Kompetenz-Check durch 98

**Schritt 4: Nutzen Sie für Ihre professionelle Online-Beratung einen
detaillierten Gesprächsleitfaden** **101**

Das Beispiel „Baufinanzierung" 101

Der Gesprächsverlauf einer Beratung zum Thema „Baufinanzierung" 103

Schritt 5: Internetmarketing – entfalten Sie durch Top-Inhalte auf Ihrer Internetseite eine unwiderstehliche Sogwirkung 121

Ihre Internetseite als Kundenkontaktbörse 121

Mit Qualitätsinhalten Expertenstatus aufbauen und belegen 124

Mit Insider-Wissen Kunden überzeugen:
„Erst geben, dann nehmen" 125

Das Video als Transportmittel Ihres Wissens 126

Schritt 6: Netzwerkmarketing – wie Sie bei den Suchmaschinen ganz oben landen 133

Nutzen Sie die Suchmaschinen für Ihre Ziele 133

Maßnahme 1: Umdenken – der Kunde muss SIE finden 134

Maßnahme 2: Nochmals umdenken –
beschreiben Sie Ihre Dienstleistungen mit guten Texten 135

Maßnahme 3: Legen Sie die richtigen Nischensuchbegriffe fest 136

Maßnahme 4: Analysieren Sie die Konkurrenzsituation im Detail 138

Maßnahme 5: Verfassen Sie SUMO-Artikel 141

Informieren Sie sich über Maßnahmen zur Offpage-Optimierung 143

Schritt 7: Richten Sie Ihr Online-Büro als Wohlfühlzone ein 145

Sorgen Sie für eine freundliche Atmosphäre 145

Online-Beratung: PC, Telefon, Headset, Eingabestift und Co. 147

Fix und flott zur eigenen Experten-Homepage 150

Kommen Sie ins Handeln! 155

Ihre ersten Umsetzungsschritte 155

Prüfen Sie, ob Sie Unterstützung benötigen 157

Zukunfts-Thema Online-Beratung 158

Literatur 161

Stichwortverzeichnis 163

Der Autor 167

Einleitung: Online-Beratung und Online-Verkauf als Zukunftschance

✓ Was Sie jetzt erfahren

- Sie erhalten einen Überblick über die Vorteile der Online-Beratung und des Online-Verkaufs.

- Sie erhalten eine Entscheidungsgrundlage, ob und inwiefern es sich für Sie lohnt, Online-Beratungskompetenz aufzubauen.

- Sie lernen die sieben Schritte kennen, mit der Sie die emotionale Online-Beratung als Vertriebschance der Zukunft nutzen können.

Erst der Schlafanzug – dann der Businessanzug: Als Vortragsredner, der auf Veranstaltungen zum Thema „Online-Beratung und Online-Verkauf" spricht, überrasche ich meine Zuhörerinnen und Zuhörer mit einem Kleiderwechsel und Rollentausch.

So mancher fragt sich dann: Was soll das? Ein Vortragsredner, der seinem Publikum im Schlafanzug gegenüber tritt, der dann von den Vorteilen der Online-Beratung berichtet, zum Beispiel von finanzieller und zeitlicher Unabhängigkeit, aber auch von der Balance zwischen Berufsleben und Privatleben?

Ich male dann das Bild vom Traumhaus auf Mallorca mit Swimmingpool, Golfplatz und Online-Büro, das man als Online-Finanzierungs- und Versicherungsvermittler kurz aufsucht, um zwischen Loch 9 und 10 mal eben etwas zu verkaufen.

Und dann ziehe ich mich in einer kurzen Pause um, um im Businessanzug zu veranschaulichen, wie Sie mit professioneller Online-Beratung, Internetmarketing und Netzwerkmarketing Ihren Vertrieb revolutionieren.

Und noch einmal: Was soll das? Nun: Für mich ist der Wechsel zwischen Schlaf- und Businessanzug zu einem Symbol geworden: zu einem Symbol für einen der zukunftsträchtigsten Märkte, den es gibt – die Online-Beratung und den Online-Verkauf.

Zukunftschance Online-Beratung

Online-Geschäfte stellen eine zusätzliche und ergänzende Vertriebschance für beratungsintensive Produkte und Dienstleistungen dar. Diesem Markt gehört die Zukunft. Denn immer mehr Menschen informieren sich im Internet über das, was sie kaufen wollen. Doch nicht immer kaufen sie dann auch im Netz. Denken Sie an Ihre eigenen Einkaufsgewohnheiten: Wie oft haben Sie sich zum Beispiel über eine Versicherung im Internet informiert, dann verschiedene Websites besucht und Angebote verglichen, um mit diesem Vorwissen einen Versicherungsvermittler Ihres Vertrauens aufzusuchen? Und dann bei ihm abzuschließen?

Unser subjektives Gefühl wird durch Studien bestätigt: Das Marktforschungsinstitut TNS Infratest und Research International hat 2011 in einer weltweiten Untersuchung zum Online-Verhalten der Konsumenten festgestellt, dass rund zwei Drittel der Deutschen vor einer Kaufentscheidung das Internet besuchen, um sich nähere Informationen zu besorgen. Meistens haben sie zuvor von einem Produkt gehört, etwa im Fernsehen, und nutzen das Internet als Recherchequelle. Werbung stoße Recherche an, die dort gefundenen Informationen wirkten nachhaltig auf die Kaufentscheidung – so TNS.

Weiterer Beleg ist eine ARD/ZDF-Online-Studie aus dem Frühjahr 2011, die zeigt: Für 73,3 Prozent der Deutschen ist das Internet im privaten Bereich eine unverzichtbare Informationsquelle.

Unzureichende Beratung führt zu Hybridkäufen

Aber noch einmal: Wer im Internet recherchiert und sich informiert, kauft dort noch lange nicht ein. Klassisches Beispiel sind die Reiseanbieter: Viele Menschen informieren sich online über den Zielort, die Reiseverbindungen, die Hotels oder auch Last-Minute-Angebote. Doch wenn es ums Buchen geht, suchen die Kunden lieber das Reisebüro auf. Ähnlich sieht es in anderen Branchen aus, etwa der Finanzdienstleistungs- und Versicherungsbranche. Dann kommt es zu den sogenannten „Hybridverkäufen": Infos im Netz, Kauf im Büro des Vermittlers.

Beratung per Telefon und am Bildschirm

Der Grund: Es fehlt an professioneller Online-Beratung. Doch das muss nicht sein. Stellen Sie sich vor, ein User hat ein Problem oder eine konkrete Fragestellung: Wohin fahre ich in meinem Urlaub, wo lege ich mein Geld an, welche Immobilie soll ich kaufen? Er braucht eine Lösung und geht online. Er besucht Ihre Website. Dort findet er nicht nur Informationen, sondern Lösungsansätze. Er interessiert sich dafür, wünscht mehr Informationen.

Auf Ihrer Homepage gibt es einen Online-Terminkalender – mit seiner Hilfe vereinbart der interessierte Kunde einen Termin mit Ihnen. Der findet aber nicht bei Ihnen im Büro, in der Bank, im Versicherungsunternehmen, im Reisebüro statt. Auch nicht beim Kunden – Sie müssen nicht die Mühsal einer stauanfälligen Autofahrt auf sich nehmen, der Kunde muss sein Wohnzimmer nicht aufräumen, um Sie zu empfangen. Nein – Sie stellen dem Kunden Ihre Problemlösungsalternativen per Bildschirmpräsentation vor. Ihr wichtigstes Arbeitswerkzeug sind das Telefon und die Computer-Bildschirmübertragung.

Und diesen Termin können Sie auch zwischen Loch 9 und 10 wahrnehmen, im Schlafanzug. Vielleicht verbietet Ihnen das Ihre Arbeitsethik. Aber der Schlafanzug ist ein Symbol für Ihre räumliche und zeitliche Unabhängigkeit. Sie verbinden Privates und Berufliches miteinander und gewinnen eine neue Unabhängigkeit.

Wie bei einem Termin „in der realen Welt" informieren Sie den Kunden, beantworten seine Fragen, stellen ihm Lösungsvarianten vor. Die Online-Beratung ähnelt der persönlichen Beratung von Angesicht zu Angesicht – richtig durchgeführt, gelingt es Ihnen, mit Telefon und Bildschirm ein emotionales Vertrauensverhältnis zum Kunden aufzubauen. Schritt für Schritt führen Sie ihn durch das erlebnisorientierte Beratungsgespräch, im Idealfall bis zum Abschluss.

! *Stopp, ich hätte da mal eine Frage!*

Entschuldigung, wer sind Sie denn?

Sehen Sie mich ruhig als Ihren Leser, der sich erlaubt, auch einmal einen Einwand zu erheben und eine kritische Frage zu stellen. Oder haben Sie etwas gegen einen Leser-Autor-Dialog einzuwenden?

Nein, natürlich nicht. Als leserorientierter Autor will ich mich gerne darauf einlassen. Was wollen Sie denn wissen?

Online-Beratung, das klingt interessant. Aber dass Sie über eine Bildschirmpräsentation eine emotionale Beziehung zum Kunden aufbauen wollen, klingt zugleich sehr abenteuerlich.

Wieso? Jeder Verkäufer lernt, zum Kunden Vertrauen aufzubauen, indem er Gemeinsamkeiten herstellt. Das funktioniert auch per Telefon und sogar am Bildschirm. Zu Beginn des Gesprächs, also beim Neukunden, blende ich eine Folie ein, die der Kunde auf seinem Bildschirm sieht: „Jan Helmut Hönle, 1968 geboren, verheiratet, zwei Kinder", und stelle dann zum Beispiel die Frage: „Und wie schaut es bei Ihnen aus, haben Sie auch Kinder?" Oft kommt der Kunde darauf zu sprechen: „Zwei Kinder – genau wie ich. Haben Sie auch zwei Töchter?" Und schon sind Sie mittendrin im Small Talk, stellen Gemeinsamkeiten fest oder erhalten Anhaltspunkte, um solchen Gemeinsamkeiten auf die Spur zu kommen. Und dann verfügen Sie über eine Basis, ein emotionales Verhältnis aufzubauen und einen erlebnisorientierten Dialog herbeizuführen. Obwohl Sie nicht auf dem Sofa des Kunden sitzen.

Gut. Zumindest fürs Erste bin ich überzeugt.

Ausgezeichnet! Auch unser Dialog ist ja recht ungewöhnlich, und trotzdem: Ich glaube, unser Gespräch wird zuweilen sehr emotional ablaufen.

Warum Sie Online-Beratungskompetenz aufbauen sollten

Es gibt unterschiedliche Zahlen: Laut einer Erhebung des Branchenverbandes BITKOM, erstellt 2011, surfen deutsche Internetnutzer im Durchschnitt etwa 140 Minuten pro Tag im weltweiten Netz. Insgesamt nahmen an dieser Umfrage – die vom Meinungsforschungsinstitut Aris durchgeführt wurde – 1.000 Personen aus ganz Deutschland teil. Das Mindestalter der Befragten betrug 14 Jahre. Zwei Stunden 20 Minuten – und das ist eine Durchschnittszahl. Die Unter-30-Jährigen zum Beispiel sind fast 200 Minuten online.

Wir dürfen wohl davon ausgehen, dass diese Durchschnittszahlen steigen und die Menschen immer mehr Zeit damit verbringen, im Netz zu surfen, sich dort zu informieren und unterhalten zu lassen. Für die Digital Natives, die mit dem Internet aufgewachsen sind, die mit ihm gleichsam verwachsen sind, gehört die Internetnutzung zu den Selbstverständlichkeiten ihres Lebens. Und auch die Anzahl der surfenden Senioren wird weiterhin ansteigen.

Für Sie bedeutet das: Wer mit dem Kunden kommunizieren will, muss Online-Beratungskompetenz aufbauen. Der Kunde lässt Ihnen eigentlich gar nichts anderes übrig. Denn der typische Kunde im 21. Jahrhundert ist im höchsten Maße internetaffin und holt die meisten Informationen, die er für eine Kaufentscheidung braucht, aus dem Internet. Dieser Kunde will selbstbestimmt Einfluss nehmen auf den Nutzen, der ihm durch eine Kaufentscheidung erwächst. Er will sich nicht von einem Verkäufer überreden oder überzeugen lassen, sondern wünscht die Begleitung durch einen Einkaufsberater. Dieser soll ihm helfen, das zu kaufen, was er wirklich benötigt und das mit seinen Werten und Nutzenerwartungen zu einhundert Prozent übereinstimmt.

Brachliegendes Umsatzpotenzial nutzen

Sie müssen den Kunden mithin dort abholen wollen, wo er sich aufhält – und das ist im Internet. Ganz gleich also, welcher Branche Sie angehören, ganz gleich, welche Produkte und Dienstleistungen Sie anbieten: Online-Beratungskompetenz hilft Ihnen, ein riesiges brachliegendes Umsatzpotenzial zu nutzen. Nehmen wir als Beispiel die Versicherungsbranche. Auch dort informieren sich viele Kunden im Internet. Im Jahr 2011 waren es nach dem Branchenbericht „Versicherungen" der Arbeitsgemeinschaft Online Forschung (AGOF) fast 14 Millionen. Aber nur 4,12 Millionen Menschen – dies veranschaulicht **Abbildung 1** – suchen Informationen rund um Versicherungen online und kaufen dann auch die entsprechenden Produkte im Internet.

Abbildung 1   Niedriges Umwandlungspotenzial (Quelle: AGOF
Branchenbericht „Versicherungen" 11/2011)

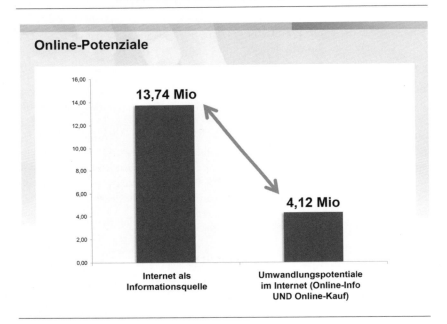

Mit anderen Worten: Hier liegt ein Umsatzpotenzial von fast 10 Millionen Kunden brach. Was spricht dagegen, wenn Sie zu denjenigen gehören, die mit Hilfe der Online-Beratungskompetenz dieses Umsatzpotenzial abschöpfen und so auf dem Weg zur finanziellen Unabhängigkeit vorankommen? Und darüber hinaus die weiteren Vorteile der Online-Beratung nutzen?

Die Vorteile der Online-Beratungskompetenz im Überblick

— *Vorteil 24/7/52*: Sie kommunizieren Tag und Nacht mit dem Kunden. Das Internet kennt keine Ladenschlusszeiten. Wenn Sie im World Wide Web mit einer Website präsent sind, die eine Sogwirkung auf die Kunden ausübt, stehen Sie dem Kunden mit Ihren Problemlösungen 24 Stunden am Tag zur Verfügung. Und das sieben Tage in der Woche und 52 Wochen im Jahr.

— *Vorteil TKO – Totale KundenOrientierung*: Der Kunde will es so und nicht anders – er möchte sich immer und überall über das informieren können, was ihn interessiert, und nähere Infos auch zu Details einholen. Im persönlichen Gespräch droht stets die Gefahr, dass der Kunde Angst hat, sein Interesse würde sofort als Kaufbereitschaft ausgelegt. Darum fragt er lieber erst gar nicht nach. Das ist bei der Online-Beratung anders – der Kunde weiß: Er kann das Gespräch jederzeit leicht abbrechen. Ihr Vorteil: Durch die ungeschmälerte Neugier des Online-Kunden erfahren Sie immer mehr über ihn und können ein Angebot unterbreiten, das genau zu seinen Wünschen passt.

— *Vorteil Rundumbetreuung*: Online-Beratungskompetenz verhindert Hybridverkäufe. Der Kunde bleibt auf Ihrer Website, er informiert sich dort, wird professionell beraten – und kauft bei Ihnen, und eben nicht beim Versicherungsmakler oder Reiseberater um die Ecke.

— *Kombi-Vorteil*: Sie sitzen zu Hause und sprechen mit dem Kunden – und führen trotzdem ein persönliches und emotionales Gespräch mit ihm. Das ist bequem, zeit- und kostensparend für Sie. Sie müssen nicht mehr „raus auf die Straße". Sie können auch im abgeschiedensten Dorf mit Kunden in aller Welt Geschäfte abschließen.

— *Vorteil Work-Life-Balance*: Mit der Familie frühstücken, dann am PC einen Termin wahrnehmen, dem Sohn oder der Tochter bei den Hausaufgaben helfen, dann wieder Umsatz machen – Sie kommen dem Traum von der Ausgewogenheit all Ihrer Lebensbereiche einen gewaltigen Schritt näher.

— *Vorteil Selbstbestimmung*: Insgesamt gilt: Sie bauen Lebenssouveränität auf.

! *Stopp, ich hätte da mal wieder eine Frage!*

Was gibt es denn?

Argumentieren Sie nicht etwas einseitig? Gibt es denn beim Online-Verkauf überhaupt keine Nachteile? Das sieht mir doch sehr nach der rosaroten Wahrnehmungsbrille aus.

Online-Beratung und Online-Verkauf ist ein Geschäft wie viele andere. Wer es nicht mit Herzblut und Leidenschaft betreibt, wird scheitern. Mein Ansatzpunkt: Ich möchte den Leserinnen und Lesern – und auch Ihnen, werter Kritiker – belegen, dass es sich lohnt und unumgänglich ist, zur bereits vorhandenen Kompetenz, die Sie in Ihrem Beruf aufgebaut haben, auch Online-Beratungskompetenz aufzubauen. Es geht nicht darum, sich vom persönlichen Vieraugengespräch zu verabschieden, im Gegenteil. Entscheidend ist die Kombination Ihrer verkäuferischen Kompetenz in der realen und in der virtuellen Welt. Damit dies gelingt, sind sieben Schritte notwendig.

Wie Sie in sieben Schritten Online-Beratungskompetenz aufbauen

Gestatten Sie mir ein persönliches Wort. Ich beschäftige mich seit über zehn Jahren mit dem Thema „Online-Beratung und Online-Verkauf". Da ist es selbstverständlich, dass es nicht ohne Rückschläge und Fehler abgeht. So habe ich zu Beginn meiner Tätigkeit als Online-Finanzierungs- und Versicherungsvermittler die Emotionalisierung des Kundenkontakts bei der Bildschirmpräsentation vernachlässigt. Darum: Nutzen Sie dieses Buch, um von meinen Erfahrungen zu profitieren und aus meinen Fehlern zu lernen.

Neben den klassischen Kompetenzen müssen Unternehmen, Berater und Verkäufer Online-Kompetenzen aufbauen, also kommunikative, organisatorische und technische Kompetenzen erwerben und einen Online-Expertenstatus aufbauen.

Ein auf die spezifischen Erfordernisse der Online-Beratung abgestimmter Gesprächsleitfaden gehört ebenso dazu wie die richtige Präsentations- und Bildschirmübertragungssoftware und das Online-Büro mit Online-Beratungstools, Internetmarketing und Netzwerkmarketing.

Darum lautet mein Angebot an Sie: Erreichen Sie mit den folgenden sieben Schritten, die zugleich Gegenstand der nächsten sieben Kapitel sind, das Ziel:

■ Schritt 1: Beschäftigen Sie sich mit dem gesellschaftlichen Wandel und der KOKON-Strategie. Sie zeigt Ihnen, wie Sie den Menschen in seinem „Kokon Internet" besuchen und ihn dort abholen, wo er ist.

■ Schritt 2: Bei der Online-Beratung sind bestimmte Todsünden zu vermeiden. Erfahren Sie, welche Todsünden dies sind und wie es gelingt, *Anders* zu sein *Als* die *Anderen* (AAA-Strategie).

■ Schritt 3: Auch bei der Online-Beratung folgen Sie einem Gesprächsleitfaden, der sich an den Phasen eines klassischen Verkaufsgesprächs orientiert. Legen Sie fest, wie Sie die Möglichkeiten der Online-Beratung professionell im Sinn Ihrer Kunden nutzen.

■ Schritt 4: Erstellen Sie einen Gesprächsleitfaden für Ihre Online-Beratung. Nutzen Sie die Beispiele dieses Kapitels als kreative Anregungen.

■ Schritt 5: Entwickeln Sie mit einer qualitativ hochwertigen Internetseite eine Sogwirkung und fesseln Sie Ihre Kunden. Das Motto dabei: erst (hochwertige Inhalte) geben, dann nehmen (Kunden gewinnen). Die Inhalte auf Ihrer Website entscheiden darüber, ob der Kunde Sie als Experten wahrnimmt und darum bereit ist, Kontakt mit Ihnen aufzunehmen und ihn aufrechtzuerhalten.

■ Schritt 6: Sorgen Sie dafür, dass der Kunde Sie im Netz findet – durch eine spitze Positionierung und eine zielführende Suchwortoptimierung.

■ Schritt 7: Richten Sie Ihr Online-Büro ein – die richtigen organisatorischen und technischen Entscheidungen sorgen für ein Wohlfühlklima in Ihrem Online-Büro und verhelfen zu einem professionellen Auftreten dem Kunden gegenüber.

→Fazit

– Unternehmen, Berater und Verkäufer entdecken zunehmend die Online-Beratung und den Online-Verkauf als zusätzliche und ergänzende Vertriebschance für ihre beratungsintensiven Produkte und Dienstleistungen. Diesem Markt gehört die Zukunft.

– Dem Kunden wird momentan noch sehr selten persönliche Beratung direkt über das Internet angeboten, deshalb kommt es (noch) zu Hybridkäufen.

– Dem Kunden eine persönliche Online-Beratung ohne Zeitverzögerung und lästigen Medienwechsel zu bieten, gehört in den kommenden Jahren zu den großen branchenübergreifenden Herausforderungen.

– Online-Beratung und Online-Verkauf sind als zukunftsorientierte Ergänzung zu den klassischen, meist kostenintensiven Vertriebswegen zu verstehen.

Schritt 1: Die KOKON-Strategie – Holen Sie den Kunden dort ab, wo er ist: im Internet

✓ **Was Sie jetzt erfahren**

- Sie lernen die „fantastischen Vier" und deren Bedeutung für Ihr Business kennen.

- Sie erfahren, warum sich viele Menschen in das Internet wie in einen Kokon zurückziehen, aber trotzdem eine persönliche Beziehung zu Ihnen aufbauen möchten.

- Sie lesen, wie Sie mit der KOKON-Strategie im Internet Kunden gewinnen und überzeugen.

- Sie erhalten einen ersten Überblick über die KOKON-Strategie.

Die KOKON-Strategie als Antwort auf den gesellschaftlichen Wandel

Ich möchte Ihnen gleich den Kernsatz dieses ersten Schrittes auf dem Weg zum Online-Beratungserfolg präsentieren: Die KOKON-Strategie eröffnet Ihnen die Möglichkeit, den Kunden in seinem selbst gewählten Kokon, dem Internet, in den er sich zurückgezogen hat, anzusprechen. Es sollte Ihnen gelingen, den Kunden in seinem Kokon auf einer sehr persönlichen Ebene anzusprechen und ihn auf eine emotionale Art und Weise über Ihr Angebot zu informieren. Sie sitzen Ihren Kunden nie direkt gegenüber, sehen sie nicht persönlich – und lernen sie trotzdem persönlich kennen.

! *Stopp, ich hätte da mal einen Einwand!*

Ich bevorzuge es eigentlich immer noch, etwa einem Versicherungsvermittler persönlich gegenüber zu sitzen.

Das ist Ihre Entscheidung. Ich wiederhole mich – das Beratungsgespräch
per PC und Bildschirmpräsentation soll das direkte Vieraugengespräch
nicht ersetzen, sondern ergänzen. Hinzu kommt: Meiner Erfahrung nach
akzeptieren immer weniger Menschen den Hausbesuch. Allein der Begriff „Vertreterbesuch" ist und bleibt negativ besetzt: Ich muss jemanden in meine Wohnung hineinlassen, in meinen persönlichen Kokon –
dagegen sträuben sich viele Kunden. Wohl jeder von uns kennt den be-
rühmt-berüchtigten Verwandten, der sich – oft aus einer Notsituation
heraus – als Versicherungsvermittler selbstständig macht und dann zunächst einmal die eigene Verwandtschaft und den Bekanntenkreis an-
spricht. Diesen Verwandten oder Bekannten haben wir in unsere Wohnung gelassen, freilich mit dem unangenehmen Gefühl, nur aus dem
Grund abzuschließen, weil der Vermittler uns persönlich bekannt ist.
All diese Nachteile fallen bei der Online-Beratung weg. Und jetzt frage
ich Sie: Wie groß ist Ihre Bereitschaft, sich von einem Verkaufs-
Callcenter beraten zu lassen? Und sind Sie nicht auch der Meinung, dass
der Direkt-Versicherer-Service zwar kundenorientiert, aber doch auch
sehr unpersönlich ist? Meine Schlussfolgerung: Die Menschen wollen bei
der Beratung niemanden in ihren Kokon hineinlassen, aber die Beratung
soll auch nicht zu unpersönlich sein.

Der Cocooning-Effekt

Wahrscheinlich wissen Sie, was ein Kokon ist. Richtig – das ist ein Gehäuse,
das die Larven verschiedener Insekten anfertigen, um sich zu verpuppen.
Die Trendforscherin Faith Popcorn hat daraus Mitte der achtziger Jahre den
Begriff „Cocooning" abgeleitet. Gemeint ist damit der Rückzug in die eigene
Schutzhülle: Die Menschen ziehen sich – aus den unterschiedlichsten Gründen, vor allem aber in Krisenzeiten – aus der Gesellschaft zurück, bleiben
lieber in ihrem Schutz bietenden Schneckenhaus, grenzen sich ab, ziehen
sich in das häusliche Privatleben zurück, spinnen sich in einem Kokon ein.

Und es ist das Internet, das diesem Lebensgefühl auf geradezu geniale Art und Weise Ausdruck verleiht – und es zugleich ermöglicht. Der Mensch zieht sich in seine eigene Welt und die eigenen vier Wände zurück – und hat die Welt doch bei sich zu Hause im Wohnzimmer.

Zu Beginn der Cocooning-Entwicklung hatte dieser Rückzug gewiss damit zu tun, dass die Menschen in ein Refugium, in einen Schutzraum flüchten und sich vor einer immer komplizierter werdenden und bedrohlichen Wirklichkeit in Sicherheit bringen wollten. Ereignisse wie 9/11, die Finanz- und Wirtschaftskrise und die Euro-Krise haben diese Tendenz weiter verstärkt. Mittlerweile jedoch hat sich das Internet zu einem quasi natürlichen Lebensraum des Menschen entwickelt. Das Internet ist weniger Schutzhülle, sondern ein Raum, in dem sich Menschen informieren, verwirklichen, ja: in dem sie leben. Reale und virtuelle Welt wachsen immer mehr zusammen. Das Internet eröffnet uns einen neuen einzigartigen Kommunikationskanal – Menschen recherchieren online, um sich auf die Begegnung in der realen Welt vorzubereiten.

Für den Cocooning-Effekt bedeutet das: Die Menschen ziehen sich zwar immer noch in einen Kokon zurück – aber zugleich ist dieser Kokon für sie ein Fenster zur Welt. Dies lässt sich insbesondere durch den Aufstieg der fantastischen Vier belegen.

Die fantastischen Vier erobern die Welt

Wie viel Zeit verbringen Sie im Internet? Täglich, wöchentlich, im Monat? Wenn ich meinen Internetkonsum mit dem meiner Töchter vergleiche, liegen wir fast gleichauf, obwohl ich mich natürlich allein von Berufs wegen häufig in das World Wide Web begebe.

Die Bedeutung des Internets lässt sich an der Marktmacht ablesen, die von den „fanatischen Vier" von Tag zu Tag weiter ausgebaut wird. Apple, Google, Amazon und Facebook sind laut des Magazins DER SPIEGEL (Ausgabe 49/2011, S. 70-81) die vier wichtigsten Konzerne der Gegenwart. Wir möchten sie hier nicht die „fanatischen Vier", sondern die fantastischen Vier nennen.

Die Gründer der Weltkonzerne sind vor allem bei Jugendlichen fast ebenso bekannt wie Sportgrößen und Prominente aus dem Showbusiness. Zumindest kennt jeder die Namen und den Sinn und Zweck ihrer Unternehmen.

Denn so mancher junge Mensch hält sich im WWW jeden Tag länger auf als etwa im Sportverein.

In dem sozialen Netzwerk von Facebook-Chef Mark Zuckerberg tummelten sich im April 2012 über 900 Millionen Mitglieder. Amazon-Gründer Jeff Bezos verzeichnet an Spitzentagen knapp 14 Millionen Bestellungen. Apple-Chef Tim Cook freut sich über fast 147 Millionen verkaufte iPhones. Google-Gründer Larry Page und Sergey Brin beantworten über ihre Suchmaschine eine Milliarde Suchanfragen – und zwar pro Tag.

Die meisten der genannten Zahlen stammen vom Dezember 2011, es ist zu vermuten, dass sie steigen, die Konzerne wachsen und wachsen.

Zu verdanken haben sie das uns, den Kunden, die jeden Tag mehr Zeit mit den fantastischen Vier, aber auch mit Anbietern wie eBay, Zalando und guenstiger.de verbringen. Ob Schuhe oder Immobilien, Urlaub oder Auto, Hotel oder Konsumprodukt, Dienstleistung, Versicherung oder Geldanlage: Wir informieren uns im Internet über die Angebote, konkretisieren unsere Kaufwünsche, studieren Produktbewertungen – und kaufen auch oft genug. Sogar bei der Partnerwahl spielt das Internet eine immer größere Rolle.

Facebook, Amazon, Google, Apple und Co. prägen unseren Alltag

Es sind vor allem die fantastischen Vier, die unseren Alltag prägen und unser Denken verändern. Denn sie befriedigen die Urerwartungen und Urhoffnungen des Menschen, die tief in uns verankert sind.

Bei Google ist dies etwa der Wunsch nach dem totalen Wissen. Ich weiß noch, wie fasziniert ich in meiner Jugend von dem Handbuch des Fähnlein Fieselschweif war, das Donald Ducks Neffen Tick, Trick und Track immer mit sich herumtrugen: In diesem Google-Vorläufer aus Entenhausen fanden sich die Antworten auf alle Fragen dieser Welt. Das ist die mythische Funktion, die die Suchmaschinen für uns erfüllen. Jeder, der heutzutage einen Blackberry oder ein Smartphone sein Eigen nennt, darf sich im Besitz des Weltwissens wähnen.

Apple verspricht die totale Mobilität und erfüllt damit fast schon den Menschheitstraum, an zwei Orten zugleich zu sein. Wir beamen uns gleichsam mithilfe des iPhones von Steve Jobs an einen anderen Ort, wenn auch nur virtuell. Wir können theoretisch zu jedem Zeitpunkt an jedem Ort der Welt sein, indem wir mit den Menschen dort in Kontakt stehen.

Für manche ist Steve Jobs' iPhone Freundesersatz. Wem das nicht genügt, der wird Mitglied im Freundesnetzwerk von Mark Zuckerberg. Facebook ist laut nach jenem SPIEGEL-Artikel gleichbedeutend für totale Transparenz – für mich lässt sich der Erfolg des Netzwerks eher auf einen Wunsch zurückführen, den wohl jeder Mensch hat: Jeder von uns möchte anerkannt und beliebt sein – und wer viele Freunde hat und „Gefällt mir"-Klicks auf sich vereinigt, kann nicht zu den Außenseitern der Gesellschaft gehören.

Amazon schließlich steht für die totale Verfügbarkeit. Ich behaupte, dass die Menschen mit dieser Internetplattform den Traum des allgegenwärtig möglichen Konsums verknüpfen.

! *Stopp, ich hätte da mal eine Frage!*

Birgt der Umgang mit den fantastischen Vier und deren Internetgeschwistern nicht auch Gefahren und Risiken?

Ja. Aber weil sie jene archetypischen menschlichen Wünsche nach Wissen, Mobilität, Anerkennung und Konsum befriedigen, werden sich immer mehr Menschen mit ihnen einlassen und anfreunden – und sich darum immer öfter und länger im Internet aufhalten.

Der Kunde im Internet

Welche Bedeutung hat all dies für Ihre Online-Beratung und den Online-Verkauf? Nun – zum einen dürfen Sie hoffen, mit Ihrer Homepage eines Tages genau so bekannt und erfolgreich zu sein wie Google, Amazon, Facebook und Apple. Zugleich aber soll die Geschichte der fantastischen Vier belegen, dass Sie nicht mehr umhin können, sich als erfolgreicher Unternehmer, Berater und Vermittler das Internet als Vertriebsweg zu erschließen.

So zeigt eine Untersuchung aus dem Jahr 2010 (siehe **Abbildung 2**), dass die Online-Nachfrage und -Akzeptanz in der Bevölkerung beständig wächst und 30 Prozent der Deutschen einen Versicherungsvertrag unter Beteiligung des Internets abgeschlossen haben. 46 Prozent der Kunden wollen in Zukunft bei der Versicherungsauswahl das Internet einbeziehen. In Großbritannien schließen bereits 66 Prozent der Menschen Online-Versicherungen ab.

Abbildung 2   Online-Versicherungen auf dem Vormarsch
                  (Quelle: Accenture 2010)

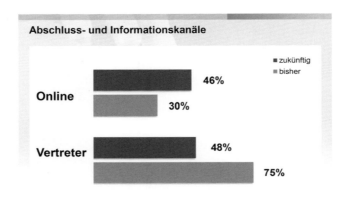

Der paradoxe Wunsch des Kunden: mehr Nähe trotz Distanz

All diese Zahlen zeigen: Der Kunde befindet sich im Internet wie in einem Kokon – und darum müssen Sie Wege finden, ihn dort abzuholen. Dabei sollten Sie eine paradoxe Entwicklung beachten: Einerseits zieht sich Ihr Kunde gern und immer öfter ins Internet zurück, um sich in Ruhe zu informieren. Andererseits jedoch erhebt er den Anspruch, auch in diesem Kokon persönlich und individuell beraten zu werden. Er möchte also die persönlich-vertrauensvolle Beratung, ohne den Berater persönlich kennenlernen zu müssen.

Anbieter von Produkten und Dienstleistungen, denen es gelingt, diesen paradoxen Spagat mitzumachen, haben gute Chancen, Kunden im Internet zu überzeugen und zu gewinnen – wie wiederum das Beispiel unserer fantastischen Vier belegt:

1. Der Facebook-Erfolg hat auch damit zu tun, dass die Mitglieder zumindest glauben, sie seien Herr – oder Frau – des Geschehens. Theoretisch können sie sich mit Gott und der Welt und jedem sechsten oder siebten Menschen auf der Welt anfreunden. Aber ob sie das tun, legen sie selbst fest. Sie sitzen in ihrem Kokon und entscheiden, wen sie dort hineinlassen und von dort auch wieder vertreiben.

2. Vor allem Amazon zeigt, dass derjenige Anbieter, der das Paradox „Trotz Distanz mehr Nähe schaffen" auflöst, zu den Gewinnern zählt. Im CD- oder Buchladen scheuen sich manche Kunden, sich intensiv beraten zu lassen, weil sie sich durch das persönliche Gespräch mit dem Verkäufer gedrängt fühlen, kaufen zu müssen. Wer kennt nicht das Gefühl der Kaufreue, das einen befällt, sobald man mit dem Produkt den Laden verlässt: „Warum habe ich das nur gekauft?" Im Internet wird diese Gefahr minimiert. Der persönliche Kontakt zu einem Verkäufer entfällt – und trotzdem ist es zum Beispiel über die zahlreichen Produktbewertungen möglich, sich beraten zu lassen.

Bei der Online-Beratung via Bildschirmpräsentation kommt hinzu, dass der Kunde auch noch mit einem Menschen zu tun hat, mit dem er kommunizieren kann. Aber: Der Kunde kann – unter dem Stichwort TKO, Totale KundenOrientierung – den Dialog jederzeit abbrechen.

! *Stopp, ich hätte da mal eine Frage!*

Was meinen Sie mit Kaufreue?

Stellen Sie sich vor: Der Kunde hat gekauft – doch danach befallen ihn Zweifel: „Habe ich richtig gehandelt? Bin ich wirklich nicht benachteiligt worden? Brauche ich dieses Produkt überhaupt?" Diese Gedanken führen zum Rückzug und zum Misstrauen. In der Psychologie werden diese Selbstzweifel und als unangenehm empfundenen Gefühle mit dem Begriff der „kognitiven Dissonanz" beschrieben.

Aber Kaufreue kann doch auch bei Käufen im Internet entstehen.

Sicherlich. Sie beugen dem vor, indem Sie bei der Online-Beratung professionell auch die Nachteile eines Produkts erwähnen und differenziert beraten. Dazu erfahren Sie später mehr. Entscheidend ist aber, dass ein

Hauptgrund entfällt, aus dem heraus Kaufreue oft resultiert: Der Kunde kauft, weil er sich im Laden durch die Beratung des Verkäufers dazu überredet fühlt. Er kauft nicht aus Überzeugung, sondern weil der Verkäufer sein Verkaufshandwerk versteht. Und bei der Online-Beratung gilt: Obwohl der Kunde über die Bildschirmübertragung direkt mit dem Online-Berater kommunizieren und sich rundum informieren kann, bleibt eine gewisse Distanz gewahrt – der Kunde weiß: Er kann im Gegensatz zum konventionellen Beratungsgespräch jederzeit aussteigen.

Ja, richtig, man hört eher selten, dass ein Kunde während des Beratungsgesprächs aus dem Büro des Vermittlers stürmt.

Und noch seltener, dass er dies in seinem eigenen Wohnzimmer macht, wenn nämlich der Termin beim Kunden stattfindet. Ich bin sicher: Viele direkte Termine kommen eben deshalb gar nicht erst zustande. Die Kunden scheuen die Terminabsprache, weil sie sich unter Druck gesetzt fühlen, sobald sie dem Berater im Büro gegenübersitzen.

Der Online-Berater: weit entfernt und ganz in der Nähe

Es bleibt festzuhalten: Der Kunde möchte und braucht qualifizierte Beratung, will jedoch erst einmal Unverbindlichkeit und keinen direkten Kontakt. Mit der Online-Beratung ist der Berater persönlich beim Kunden, ohne persönlich anwesend zu sein. Gerade dieser Umstand veranlasst den Kunden, sich auf das Beratungsgespräch intensiv einzulassen.

„Vertreterbesuche" hatten schon immer mit einem Negativimage zu kämpfen. Die Online-Beratung nutzt die Vorteile des (virtuellen) Vertreterbesuchs, ohne die Nachteile in Kauf nehmen zu müssen.

Betrachten wir die Online-Beratung doch einmal konsequent aus der Sicht eines Kunden, der – zum Beispiel – auf der Suche nach einem Partner für eine Versicherung ist. Mit hoher Wahrscheinlichkeit wird der Kunde, nennen wir ihn Martin Musterkunde, den Vertreter einer Versicherungsgesellschaft vor Ort oder im Nachbarort aufsuchen. Und warum macht er das? Er will die Nähe eines Versicherungspartners vor Ort nutzen, er möchte einem Menschen gegenübersitzen, der ihm seine Fragen direkt beantworten kann. Allerdings verfügt er so nur über eine eingeschränkte Auswahl an Versicherungsmöglichkeiten, die Gesellschaft und der Vertreter können ihm überdies nur die hausinternen Konditionen gewähren, und das müssen nicht die günstigsten sein.

Unser Martin Musterkunde geht darum ins Internet – dort findet er zahlreiche Versicherungsanbieter mit zum Teil sehr günstigen Konditionen. Aber wo ist der Haken bei diesen günstigen Konditionen? Das ist nicht die einzige Frage, die er hat – aber das anonym-unpersönliche Internetportal kann ihm diese Frage nur in einem sehr eingeschränkten Maße beantworten.

Die Folge: Martin Musterkunde fühlt sich unbehaglich – immerhin geht es um seine persönliche Sicherheit und ums liebe Geld, um eine Versicherung, die sein Leben und das seiner Familie in den nächsten Jahrzehnten zumindest mitprägen wird. Die Konsequenz: Die Entscheidung für einen Versicherungspartner will Martin Musterkunde nicht von ein paar Klicks in dem Internetportal abhängig machen.

Und an dieser Stelle kommen Sie ins Spiel und betreten die Beratungsbühne. Die **Abbildung 3** zeigt: Der Online-Berater kann den Kunden vor Ort beraten – am PC-Schreibtisch des Kunden via Bildschirmpräsentation, also in dessen Kokon. Und als unabhängiger Berater sind Sie überdies in der Lage, Martin Musterkunde gleich mehrere Angebote verschiedener Versicherungsgesellschaften zu unterbreiten, mit günstigen Konditionen.

Zugleich gehen Sie individuell, kompetent und zeitnah auf jede Frage ein, die der Kunde stellt. Denn mithilfe Ihrer vorbereiteten Folien können Sie ihm am Bildschirm schwarz auf weiß, von Bildschirm zu Bildschirm die Konditionen der potenziellen Versicherungspartner erläutern und etwa Musterrechnungen anstellen. Kurz: Trotz der Distanz und des Kundenwunsches, im schützenden Kokon seiner Privatsphäre zu verbleiben, beraten Sie „hautnah", persönlich, beziehungsorientiert – und auch noch ohne Medienbruch.

Abbildung 3   Online-Beratung kombiniert die Vorteile der Beratung
                       durch den Vertreter vor Ort und des Internet

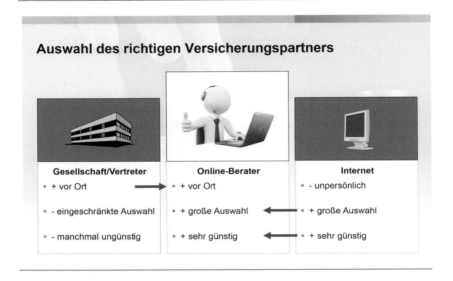

> **Stopp, ich habe eine Verständnisfrage!**
>
> *Medienbruch – was ist das?*

Der Kunde ruft bei der Versicherung an, telefoniert mit dem Vertreter. Dann schickt ihm der Vertreter Informationsmaterial zu, schließlich wird wieder telefoniert. Es kommt zu einem Treffen – in den Räumlichkeiten der Versicherungsgesellschaft, also beim Vertreter vor Ort, oder beim Kunden zu Hause. Es werden also mehrere Kommunikationsmedien eingesetzt, zwischen denen mehrfach gewechselt wird – das ist Beratungs-Medien-Hopping, das ist Medienbruch. Bei der Online-Beratung entfällt der Medienbruch, denn die gesamte Kommunikation geschieht per Bildschirm und zeitgleichem Telefonat.

Die Ablaufsystematik der KOKON-Strategie

Die KOKON-Strategie umfasst die folgenden Phasen (siehe **Abbildung 4**):

Abbildung 4   Die KOKON-Strategie im Überblick

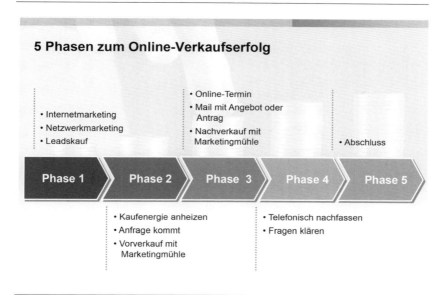

Die Phasen der KOKON-Strategie

Gehen wir die Phasen im Einzelnen durch: In der Phase 1 sitzt Martin Musterkunde in seinem Kokon und surft im Internet. Er stößt aufgrund Ihres
klugen Netzwerkmarketings auf Ihre Homepage. Ihr Netzwerkmarketing
hat zum Beispiel dazu geführt, dass Ihre Website bei Google und anderen
Suchmaschinen „ganz oben" platziert ist. Hinzu kommt: Ihre Dienstleistung
und Ihr Name sind dem Kunden aufgrund Ihrer umtriebigen Aktivitäten in
den sozialen Netzwerken bereits bekannt.

Weil Sie ihn auf der Website mithilfe eines Podcasts über Ihre Dienstleistung informieren, bleibt er auf Ihrer Seite. Martin Musterkunde ist begeistert davon, dass Sie ihm über das Podcast einen kostenlosen Nutzen stiften und ihm nutzenwerte Informationen zur Verfügung stellen. Dafür ist er bereit, Ihnen seine E-Mail-Adresse zu hinterlassen. Jetzt können Sie ihm immer wieder neue und wirklich sehr gute Informationen zusenden und ihn an sich binden. Ihre Internetseite übt eine unwiderstehliche Sogwirkung auf ihn aus. Hinzu kommt: Über den Leadkauf generieren Sie weitere Anfragen.

In Phase 2 heizen Sie die Kaufenergie des Kunden an, indem Sie ihm immer wieder nutzenwerte Informationen zusenden oder ihm den Zugang zu diesen Informationen eröffnen. Über den Online-Kalender wird ein Beratungstermin vereinbart. Und natürlich bestätigen Sie den Beratungstermin mit einer automatischen Antwortmail und stellen ihm einen Link zu Ihrem Vorstellungsvideo zur Verfügung.

Sie sehen: Immer noch ist es nicht zu einem persönlichen Kontakt zwischen Martin Musterkunde und Ihnen gekommen. Bisher kommunizieren lediglich der PC Ihres Kunden und Ihre Website miteinander. Aber Ihre Marketingmühle setzt sich immer rascher in Bewegung und der Kunde hat Sie schon kennenlernen können – in unserem Beispiel über das Podcast und das Vorstellungsvideo.

! *Stopp, ich habe eine weitere Verständnisfrage!*

Was verstehen Sie denn unter einer Marketingmühle?

Professionelles Internet-Marketing setzt voraus, dass Ihre Website über bestimmte technische Funktionalitäten verfügt. Der Kunde erhält zum Beispiel automatisch eine Mail, in der ihm mitgeteilt wird, dass seine Anfrage, ihm ein Video zuzusenden, eingetroffen ist. Sie kennen das, wenn Sie im Internet etwas bestellen und kurz danach die Bestätigung über den Eingang Ihrer Bestellung erhalten. Aber die Marketingmühle umfasst mehr als das: Die Interessenten erhalten – immer vorausgesetzt, sie wünschen dies – in einem bestimmten zeitlichen Rhythmus einen Newsletter mit nutzenwerten Informationen. Oder: Ihr Kunde erhält nach einem Gratis-Download eine Dank-E-Mail. Entscheidend ist, dass Sie den Kontakt zu Martin Musterkunde nicht abreißen lassen und kontinuierlich neue Impulse setzen.

Ist das nicht ein ungeheurer Aufwand?

Nicht, wenn Sie über die dafür notwendige Technik verfügen, also etwa ein Programm, das E-Mails, Newsletter und so weiter automatisch verschickt. Sie benötigen nur die E-Mail-Adresse des Kunden.

Kommen wir zu Phase 3: Jetzt beraten Sie Martin Musterkunde, jetzt durchlaufen Sie mit ihm die klassischen Stadien des Beratungsgesprächs, die Sie mit den speziellen Möglichkeiten kombinieren, die Ihnen durch die Online-Beratung eröffnet werden. In Phase 4 schließlich fassen Sie telefonisch nach und beantworten Kundenfragen, um dann – in Phase 5 – im besten Fall abzuschließen.

So holen Sie Martin Musterkunde mit der KOKON-Strategie dort ab, wo er sich immer öfter aufhält – im Internet.

→ **Fazit: Die Vorteile der KOKON-Strategie für Kunden und Berater im Überblick**

– Der Berater holt den Kunden dort ab, wo er sich sowieso informiert – im Internet.

– Es gibt für den Kunden keinen Medienbruch – er ist dadurch wesentlicher offener und zugänglicher, denn er spart Zeit und Geld.

– Der Kunde bewertet das Beratungsprocedere auch unter Effektivitätsgesichtspunkten und Nützlichkeitserwägungen positiv.

– Das Gespräch verläuft zielgerichteter, der Berater verheddert sich nicht in Nebensächlichkeiten – das kommt dem Kunden entgegen.

– Beim direkten Kontakt muss der Kunde die Hemmschwelle überwinden, den Berater persönlich zu kontaktieren. Diese Hemmschwelle entfällt bei der Online-Beratung.

– Trotz (oder gerade wegen) der Distanz entsteht mehr Nähe zwischen Kunde und Berater. Obwohl sie sich nicht direkt in die Augen schauen, entsteht ein persönliches Verhältnis.

- Der Berater nutzt seine Ressourcen effektiver und effizienter – natürlich zum Nutzen des Kunden.

- Der Berater arbeitet unabhängig von Zeit und Ort. Der Kunde kann sich
  ebenfalls unabhängig von Zeit und Ort beraten lassen.

Schritt 2: Vermeiden Sie die fünf Todsünden bei der Online-Beratung

✓ **Was Sie jetzt erfahren**

- Sie lernen die größten Fehler kennen, die Ihrem Erfolg bei der Online-Beratung im Weg stehen können - und erfahren, wie Sie sie vermeiden.

- Nutzen Sie die - auch unerfreulichen - Erfahrungen des Autors als Lernchancen, um von Anfang an durchzustarten und Ihre Kunden zu begeistern.

- Die wohl größte Todsünde besteht darin, das Kundengespräch nicht zu emotionalisieren.

Todsünde 1: Fehlende Positionierung - ohne klare Positionierung gehen Sie im Netz verloren

Das Wissen, dass Sie Ihre Kunden im Internet finden, genügt nicht. Es reicht auch nicht aus, die KOKON-Strategie anzuwenden, den Panzer der Privatsphäre von Martin Musterkunde zu durchbrechen und einen Zugang zum virtuellen Kunden zu finden. Nein – der Kunde muss auch wissen, mit wem er es zu tun hat, wenn er mit Ihnen in Kontakt tritt. Insofern gilt auch bei der Online-Beratung und beim Online-Verkauf die alte klassische Marketing-Spielregel: Formulieren Sie klar und deutlich, wofür Sie stehen, und sorgen Sie dafür, dass Ihre Kunden dies erfahren und wissen.

! *Stopp, ich hätte da mal eine Frage!*

Hatten Sie denn zu Beginn Ihrer Beratungstätigkeit Probleme mit der Positionierung?

Ich habe wie viele andere junge Selbstständige die Macht einer neuen Business-Idee überschätzt. Beratung im Internet, den Kunden da abholen, wo er ist – ich war von der Tragfähigkeit der Idee so überzeugt, dass ich mir über die Positionierung nicht so viele Gedanken gemacht habe. In solch einem Fall hilft der Blick über den Tellerrand, die Sichtweise von außen, die Helikopterperspektive. Und die können Sie aktiv herbeiführen – jetzt und bevor Sie in die Online-Beratung richtig einsteigen. Ich habe damals eine Homepage aufgebaut, von der ich sicher war, sie würde einen enormen Sog auf die Kunden ausüben. Ein Freund, der im Beratungsgeschäft arbeitet, hat sich dann, mehr durch Zufall, meine damalige Homepage angeschaut und mir gesagt: „Jan, du redest auf der Website darüber, was du alles kannst. Aber ich erfahre an keiner Stelle, welches Kundenproblem du löst, welchen Nutzen ein Kunde hat, der sich von dir beraten lässt."

Am besten ist es, wenn Ihre Positionierung die drei Merkmale aufweist, die einen strategischen Wettbewerbsvorteil auszeichnen:

1. Ihre Positionierung stellt eine Besonderheit dar, so dass eine klare Abgrenzung vom Wettbewerb möglich ist.

2. Diese Besonderheit ist so klar ausformuliert, dass sie von den Kunden als solche auch wahrgenommen werden kann.

3. Die Besonderheit ist nicht so schnell kopierbar, der Wettbewerb kann sie nicht so einfach und nur mit großem Aufwand nachahmen.

Dabei sollte Ihr Ziel sein, dass in der Wahrnehmung der Kunden Ihr Name „irgendwann" gleichbedeutend ist mit Ihrer Kernkompetenz. Dieses Ziel konnte ich zum Beispiel auch mit diesem Buch verfolgen. Ich möchte, dass die Online-Beratung und der Name Jan Helmut Hönle zu Synonymen werden und miteinander zu einer Einheit verschmelzen.

AAA – Anders Als Andere

Entscheidend ist nach meiner Erfahrung, dass Sie mit Ihrer Beratungsdienstleistung ein Kundenbedürfnis abdecken, das auch unter der Langzeitperspektive noch existieren wird. Konkret: Im Versicherungsbereich wird der Versicherungsschutz für die „junge Familie" irgendwann von anderen Bedürfnissen abgelöst – die Zielgruppe stellt dann andere Erwartungen an ihren Versicherungsschutz. Und Sie müssen darum andere Kunden akquirieren. Der Wunsch nach Sicherheit und Vorsorge jedoch wird den Kunden wohl sein Leben lang begleiten – ob er nun gerade eine Familie gründet, eine berufliche Existenz etabliert, ein Haus baut oder für das Alter versorgen will. Sie können ein und denselben Kunden mit immer wieder neuen Versicherungsprodukten ansprechen, um sein Grundbedürfnis nach „Sicherheit" zu befriedigen.

Natürlich können Sie sich alternativ auf eine bestimmte Zielgruppe fokussieren und Ihre Positionierung danach ausrichten – und dann eben vor allem „junge Familien" ansprechen. Oder Sie beziehen das Bedürfnis, das Sie ansprechen, auf eine spezielle und genau umrissene Zielgruppe, und finden so Ihre Nische.

Wenn Sie dann überdies über eine außergewöhnliche Beraterpersönlichkeit verfügen, wird es Ihnen gewiss gelingen, jene drei Merkmale eines strategischen Wettbewerbsvorteils aufzubauen und in der Wahrnehmung Ihrer Kunden „Anders sein Als Andere", mithin die drei As der Einzigartigkeit verwirklichen.

Um ein klares Profil und eine unverwechselbare Positionierung zu entwickeln, empfiehlt es sich, in den drei Schritten vorzugehen, die in **Abbildung 5** dargestellt sind.

Abbildung 5   Positionierungsschritte

Ihr Weg zu Ihrer Positionierung und zu Ihrem Kernthema

Schritt 1: Beantworten Sie die Frage „Was sind meine AAA (Anders Als Andere)?"
- Wofür möchte ich stehen, was ist „mein Business"?
- Was ist mein Spezialgebiet / mein Wissen / meine Kernkompetenz?
- Wodurch zeichnet sich meine Beratungsqualität aus?
- Wo bringe ich meinen Kunden den größten Nutzen?
- Was unterscheidet mich vom Wettbewerb?
- Welche meiner Persönlichkeitsmerkmale heben mich von der Konkurrenz ab und machen mich einzigartig?

Schritt 2: Beantworten Sie die Frage „Wie sieht mein Idealkunde aus, wie sieht Martin Musterkunde für mich aus?"
- Was ist das dringlichste Problem meiner Kunden? Wie löse ich es?
- Wie verändert meine Dienstleistung das Leben meiner (zukünftigen) Kunden?
- Warum sollte Martin Musterkunde gerade bei mir kaufen?
- Welche zusätzlichen Produkte und/oder Dienstleistungen benötigen meine Kunden?

Schritt 3: Beantworten Sie die Frage „Wie sehen meine Ziele aus?"
- Auf welche Bereiche möchte ich mich spezialisieren?
- Unter welche Bezeichnung kann ich meine Tätigkeit fassen?
- Wie lautet mein Slogan für meine Tätigkeit, welchen einfachen, griffigen und eingängigen Begriff gibt es dafür?
- Welche Aktionen und Maßnahmen starte ich, um die Menschen mit meiner Tätigkeit bekannt zu machen?

Praxistipp: Beachten Sie bei Schritt 3, dass Ihre Ziele bildhaft, konkret und positiv formuliert sind und erreichbar sind.

! *Stopp, ich hätte da mal einen Kritikpunkt!*

Entschuldigung – aber was Sie hier schildern, geht nicht weit über klassisches Positionierungs-Know-how hinaus, ausgenommen vielleicht die Betonung, die Persönlichkeitsmerkmale sollten bei der Positionierung Berücksichtigung finden.

Richtig. Zu einem späteren Zeitpunkt gehe ich jedoch detaillierter auf das Netzwerkmarketing ein und zeige, wie eine spitze Positionierung hilft, bei den Suchmaschinen ganz oben auf der Trefferliste zu landen. Jetzt möchte ich die Online-Berater in spe dafür sensibilisieren, dass sie neben der Online-Beratungskompetenz ihr inhaltlich-thematisches Alleinstellungsmerkmal bedenken müssen. Gut aber, dass Sie die Persönlichkeitsmerkmale des Online-Beraters ansprechen. Ideal ist es, wenn Inhalt und Berater, wenn Thema und Beraterpersönlichkeit zusammenpassen und übereinstimmen. Denn dann sind Sie glaubwürdig und wirken nicht nur authentisch – Sie sind es auch. Sie lesen ja noch, dass es bei der Online-Beratung persönlich und emotional zugehen soll – und darum ist die Persönlichkeit des Beraters ein wichtiger Erfolgsfaktor.

Todsünde 2: Beratung pur – Online-Beratungskompetenz allein genügt nicht

Es gibt viele exzellente Berater, Vermittler und Verkäufer – nur: Die Welt weiß es nicht. Auch ich habe mich zu Beginn meiner Selbstständigkeit auf mein Know-how als Finanzierungs- und Versicherungsberater verlassen und musste schnell die banale, aber bittere Erfahrung machen: Wenn niemand weiß, was ich kann, nutzt selbst die allergrößte Kernkompetenz nichts.

Sie sollten sich darum vergegenwärtigen, dass Sie begleitend zu Ihrer Beratungskompetenz ein Marketingkonzept entwickeln müssen, durch das Sie Ihre Dienstleistung bekannt machen. Zu diesem Marketingkonzept gehören zunächst einmal die klassischen Instrumente wie Anzeigenwerbung, PR-

Arbeit, die Mitgliedschaften in Branchenverbänden und Ihre Präsenz auf Veranstaltungen, Kongressen und Messen. Ein weiterer wichtiger Baustein ist das Empfehlungsmarketing. Hinzu kommen müssen auf jeden Fall Aktivitäten, die es den Usern im Internet ermöglichen, auf Ihre Homepage zu stoßen.

Wie Sie bei Google und Co. ganz weit oben landen, erfahren Sie noch. Freunden Sie sich aber bereits jetzt mit dem Gedanken an, dass Sie die folgenden Aktivitäten umsetzen sollten:

- Mithilfe eines Blogs begründen Sie Ihren Expertenstatus und bauen zugleich eine Community im Internet auf, die ein wichtiger Baustein Ihres Empfehlungsmarketings ist.

- Den Bekanntheitsgrad des Blogs erhöhen Sie mit Social-Media-Aktivitäten, etwa indem Sie regelmäßig twittern und Tweets zu Inhalten verbreiten, die von allgemeinem Interesse sind – so bauen Sie auch hier eine Community mit „Followern" auf, also mit „Folgenden", die regelmäßig lesen, was Sie zu sagen oder besser: zu twittern haben.

- Bei Facebook bauen Sie eine Fanpage auf, um auch über diesen Kanal einen festen Leserstamm zu gewinnen.

- Bei Google+ generieren Sie „Follower" oder „Folgende", die Sie – im Unterschied zu Facebook – in „Kreise" unterteilen können (potenzielle Kreise sind zum Beispiel „Kunden" oder „Freunde"), wobei Sie die Kreise selbst benennen können.

- Bei YouTube präsentieren Sie Ihre Dienstleistung und Ihre Kernkompetenz mit einem Video.

- Sie nutzen Xing, um Ihre Dienstleistung im Netz bekannt zu machen.

Xing ist nicht nur eine riesige private Adress- und Firmenadressdatenbank, sondern auch eine Selbstdarstellungsplattform und vor allem ein virtueller Ort mit zahlreichen Diskussionsforen zu nahezu allen denkbaren Themen. Ich selbst habe bereits sehr früh die Möglichkeit genutzt, um in Xing-Diskussionsforen zu meinen Themen „Online-Beratung und Online-Verkauf, Internetmarketing und Netzwerkmarketing", speziell für Finanzdienstleister, mit interessierten Menschen in Kontakt zu treten und zu diskutieren.

Einen anregenden ersten Überblick über Networking-Aktivitäten – sowohl im Netz als auch in der realen Welt – gibt Svenja Hofert in ihrem Buch „Networking für Trainer, Berater, Coachs". Es wendet sich zwar, wie der Titel sagt, an eine bestimmte Zielgruppe. Hoferts Informationen insbesondere zum Marketingkonzept, dem Networking in den Social Networks und zu den verschiedenen Netzwerktypen zeigen aber zielgruppenübergreifend, welche ersten Schritte helfen, Ihre Dienstleistung bekannter zu machen. Sie empfiehlt vor allem die Gründung eines informellen Netzwerks, das aus Menschen besteht, die sich gegenseitig unterstützen wollen.

Todsünde 3: Reiner Produktverkauf – emotionalisieren Sie Ihre Online-Beratung

Mein vielleicht schwerwiegendster Fehler bei dem Aufbau meiner Online-Beratungskompetenz war die Vernachlässigung des emotionalen Faktors. Gerade noch rechtzeitig habe ich erkannt, dass es bei der Bildschirmpräsentation ein Leichtes ist, den Kunden auch auf der Gefühlsebene zu packen. Wie Sie bei der Online-Beratung Gemeinsamkeiten mit Kunden aufbauen, habe ich ja bereits erzählt.

Entscheidend ist, dass ich nun bei der Gestaltung jeder Folie überlege, welche Optionen es gibt, einen emotionalen Bezug zum Kunden herzustellen. Natürlich geht es auch um das Produkt, das Sie verkaufen wollen. Aber dieses Produkt wollen Sie einer Person, einem Menschen anbieten – und darum ist es notwendig, das Emotionssystem anzusprechen, das bei einem Menschen dominiert.

Das belegen die neueren Erkenntnisse der Hirnforschung – so sagt etwa der Neurologe Antonio Damasio, dass „jede Entscheidung einen emotionalen Anstoß braucht. Aus purem Verstand heraus könne der Mensch nicht handeln". Und Dr. Hans-Georg Häusel, der sich mit den Auswirkungen der Denkleistungen des Gehirns auf Marketing und Verkauf beschäftigt, fasst den Kern der Hirnforschung so zusammen: „Alles, was keine Emotionen auslöst, ist für unser Gehirn wertlos."

Das heißt: Kunden treffen ihre Kaufentscheidungen so gut wie immer emotional, nämlich zu 80 Prozent. Diese Entscheidungen werden – so zeigen die Hirnforscher – im limbischen System getroffen, und dort ist das jeweilige Emotionssystem beheimatet, das eine Person bevorzugt. Der Kunde bewertet jede Information also zunächst einmal emotional. Seine Entscheidungen sind von dieser emotionalen Bewertung abhängig. Erst danach sorgt der Verstand für Ordnung und schiebt eine rational legitimierte Begründung nach. „Unbewusste Entscheidung – bewusste Rechtfertigung" – diesen Zusammenhang sollten Sie bei der Online-Beratung berücksichtigen.

! *Stopp, ich hätte da mal eine Frage!*

Es ist doch recht schwierig, wenn nicht gar unmöglich, bei der Bildschirmpräsentation zu erkennen, mit welchem emotionalen Typus ich zu tun habe.

Trotzdem sollten Sie darauf vorbereitet sein, dass es verschiedene emotionale Kundentypen gibt. Während der Online-Beratung erhalten Sie in jedem Gespräch Hinweise, ob Sie mit einem sicherheitsorientierten Bewahrertyp oder einem risikofreudigen dominanten Menschen sprechen. Wichtig ist aber auch Ihre eigene emotionale Verfasstheit.

Dafür müssen Sie ein Beispiel geben.

Überlegen Sie doch einmal: Wer seinem Kunden mit Respekt und Wertschätzung begegnet, ruft bei ihm dieselben Gefühle hervor. Anders ausgedrückt: Ihr Kunde empfängt bei der Online-Beratung das, was Sie, der Berater, ausstrahlen. Er hört nicht nur, was Sie sagen oder ihm zeigen – er schätzt Sie und Ihren Sympathiefaktor intuitiv ein. Darum ist es besser, eine Online-Beratung in einem positiven Zustand durchzuführen. Sie müssen sich vorher frei machen von blockierenden und negativen Erwartungen. Denn wenn Ihnen dies nicht gelingt, spiegeln Ihre Kunden Ihren negativen Zustand wider. Und ein demotivierter, unlustiger und schlecht gelaunter Kunde wird niemals eine positive Kaufentscheidung treffen.

Ich habe jüngst einen Artikel über Spiegelneuronen gelesen. Das sind spezielle Nervenzellen in unserem Gehirn, die beim Betrachten einer

Aktion genau so reagieren, als würde der Zuschauer die Aktion selbst ausführen.

Ja, die Spiegelneuronen lassen uns Schmerzen empfinden, wenn wir die Schmerzen eines anderen Menschen miterleben. Sie sorgen umgekehrt dafür, dass wir gute Laune haben und lächeln, wenn unser Gesprächspartner diese Gefühle zeigt. Sie veranlassen uns zuweilen sogar dazu, die Handlungen anderer Menschen nachzuahmen. Und darum noch einmal: Der Kunde empfängt das, was Sie bei der Online-Beratung ausstrahlen. Wenn Sie griesgrämig-lustlos in das Beratungsgespräch gehen, dürfen Sie sich nicht wundern, wenn der Kunde dieses Verhalten spiegelt. Zum Glück jedoch funktioniert das Ganze auch umgekehrt.

Haptische emotionale Erlebnisse anstoßen

Mein emotionales „Erweckungserlebnis" verdanke ich meinem Mentor Karl Werner Schmitz, der mit dem „Haptischen Verkaufen" eine Verkaufsmethode entwickelt hat, mit der Kunden auf allen fünf Sinneskanälen angesprochen werden können. Seitdem weiß ich: Die Emotionalisierung des Kaufprozesses und der Aufbau einer emotionalen Beziehung zum Kunden gelingt, wenn ich mit ihm auf möglichst vielen Sinneskanälen kommuniziere und ein erlebnisorientiertes Verkaufsgespräch anstrebe.

Wie das in den verschiedenen Phasen des Verkaufsgesprächs gelingt, erfahren Sie in Schritt 3. Hier möchte ich Ihnen ein Beispiel geben, was mit dem „Haptischen Verkaufen" gemeint ist. Karl Werner Schmitz beschreibt in seinem Buch „berühren – begreifen – verkaufen", wie ein Versicherungsvermittler einen Kunden in das Beratungsgespräch so integriert, dass dieser selbst handelt und aktiv wird – und die Vorteile etwa einer Berufsunfähigkeitsversicherung nicht nur mit dem visuellen und dem auditiven Sinneskanal erfasst.

Dazu gibt der Vermittler dem Kunden einen Taschenrechner in die Hand. Er bittet den Kunden, den Wert seiner Arbeitskraft zu errechnen: das monatliche Nettoeinkommen, berechnet aufs Jahr, auf fünf, zehn Jahre, bis zur Rente oder Pension. Auf dem Display erscheint eine erhebliche Summe – konkret: Bei einem monatlichen Nettogehalt von 2.500 Euro erzielt der Kunde ein Jahreseinkommen von 30.000 Euro. Wenn er noch dreißig Berufsjahre vor sich hat, geht es um 900.000 Euro. „Dieses Einkommen erwirtschaften Sie mit Hilfe Ihrer Arbeitskraft", sagt der Vermittler – und dann drückt er die C-Taste, die Lösch-Taste an dem Taschenrechner. Die Null erscheint. „Und das bleibt Ihnen davon übrig, wenn Ihre Arbeitskraft wegfällt."

Es geht nicht darum, dem Kunden Angst zu machen. Der Vermittler will ihm jedoch die Information, eine Berufsunfähigkeitsversicherung könne den Wegfall der Arbeitskraft zumindest kompensieren, fassbar, begreifbar und emotional erlebbar machen. Indem er den Kunden zur Aktivität animiert und ihn selbst rechnen lässt, kommuniziert er mit ihm über den haptischen Sinneskanal, also den Tastsinn.

Nun sitzen Sie jedoch mit dem Kunden nicht in einem Zimmer und können ihm den Taschenrechner nicht in die Hand drücken. Allerdings: Es ist bei der Bildschirmpräsentation möglich, einen Taschenrechner auf den Bildschirm zu rufen. Über seine Tastatur gibt der Kunde die entsprechenden Zahlen zu seinem Jahreseinkommen ein – und erfährt schlagartig über gleich mehrere Sinneskanäle, was passieren kann, wenn er seine Arbeitskraft nicht versichert.

Die aktive Integration des Kunden lässt sich in so gut wie jedem Bereich der Online-Beratung einsetzen. Ein Rechtsanwalt etwa kann seinem Mandanten mithilfe des Taschenrechners schlagartig die Folgen vor Augen führen, wenn er in einem Rechtsstreit nicht die von dem Anwalt bevorzugte Verteidigungsstrategie befolgt.

Ein weiteres Beispiel: Der Vermittler will dem Kunden das Risiko veranschaulichen, das eintritt, wenn er berufsunfähig wird. Dazu präsentiert er ihm am Bildschirm einen Zeitungsartikel, in dem von einem solchen Fall berichtet wird: Eine Person mit einem gar nicht so gefährlichen Beruf hat sich dennoch schwer verletzt und kann ihren Job nun nicht mehr ausführen. Der authentische Zeitungsbericht zeigt dem Kunden auf eine höchst emotionalisierende Weise, welche Nachteile entstehen, wenn er über keinen Versicherungsschutz verfügt.

Dazu hat der Vermittler natürlich eine entsprechende Folie vorbereitet, die er einsetzt, sobald er einschätzen kann, ob dies die richtige Vorgehensweise bei diesem konkreten Kunden ist. Denn es gibt Kunden, die sich so unter

Druck gesetzt fühlen. Daher ist an dieser Stelle die Binsenweisheit zu beachten, dass jeder Kunde anders ist.

Die Grundbedürfnisse des Menschen beachten

Klar ist: Sie sollten Ihre Vorgehensweise und Ihre emotionale Ansprache dem Kundentypus anpassen. Es ist ein Riesenunterschied, ob Sie einen sicherheitsorientierten „Garantiefonds"-Typ oder einen risikofreudigen dominanten „Hedgefonds"-Typ online beraten. Um einschätzen zu können, mit wem Sie es zu tun haben, sollten Sie sich mit den menschlichen Grundbedürfnissen des Menschen und den Emotionssystemen beschäftigen, die bei Ihren Kunden dominieren können.

In meiner Online-Beratungspraxis hat mir das Werkzeug *PPPP* nützliche Dienste erwiesen – es beschreibt mit den Begriffen Pride, Pleasure, Profit und Peace die Grundbedürfnisse der Menschen:

■ Pride-Kunde: Damit ist ein Mensch gemeint, der von seinen Mitmenschen Stolz, Bewunderung, Prestige, Anerkennung erfahren will.

■ Pleasure-Kunde: Diesem Kunden geht es im Leben vor allem darum, Vergnügen, Spaß und Freude zu erleben.

■ Profit-Kunde: Für diesen Menschen ist es von Bedeutung, Profit zu machen, Geld zu verdienen oder Geld sparen – entsprechend risikofreudig ist er.

■ Peace-Kunde: Hier dominiert das Sicherheitsdenken, der Kunde liebt seinen Seelenfrieden und strebt nach einem einfachen und bequemen Leben.

Was bedeutet das für Ihr konkretes Online-Beratungsgespräch? Versuchen Sie, in Ihrer Kundenansprache möglichst viele der genannten Grundbedürfnisse anzusprechen. Und wenn Sie wissen, dass bei einem Kunden eines der Grundbedürfnisse eindeutig dominiert, stimmen Sie Ihr Vorgehen darauf ab – dazu einige Beispiele:

■ Pride- und Profit-Kunden wollen oft anders sein als die anderen und sich vom Durchschnitt abheben. Sie möchten vor allem als aktive Menschen anerkannt werden und besser sein als andere, einen Wettbewerbsvorsprung erringen, an der Spitze stehen, andere hinter sich lassen. Darum: Entwickeln Sie neue Ideen, präsentieren Sie ausgefallene Konzepte. Seien Sie kreativ und fantasievoll, erzählen Sie Geschichten und stellen Sie Analogien her.

■ Beim ausschließlichen Profitkunden sollten Sie eher kurz, klar und direkt formulieren und das Ergebnis sowie die Effektivität und die Zielplanung in den Vordergrund stellen. Am besten, Sie argumentieren logisch und präzise, kommen schnell auf den Punkt und untermauern Aussagen mit Belegen und Beweisen. Sie sollten erprobte und sichere Konzepte und Produkte präsentieren und sie mit Zahlen, Daten und Fakten untermauern.

■ Beim Pleasure-Kunden ist es wichtig, das Neue, Unbekannte und Innovative Ihres Angebots zu betonen. Sie sprechen freundlich und offen, tauschen mit dem Kunden zwanglos Ideen aus und stellen auf der Beziehungsebene eine gute Verbindung her.

■ Schließlich der Peace-Kunde: Diesen Menschen geht es um Beziehungen, Geborgenheit und menschliche Wärme. Belegen Sie Aussagen mit Beispielen, die zeigen, wie Sie anderen Menschen bereits geholfen haben, ihre Ziele zu erreichen. Bringen Sie eigene Erfahrungen ein. Oft ist es aber auch so, dass der Peace-Kunde jede Veränderung scheut. Er möchte den Status quo erhalten und agiert daher sicherheitsorientiert.

! *Stopp, ich hätte da mal einen Einwand!*

Also ich habe es noch nie erlebt, dass ein Mensch von einem Grundbedürfnis allein angetrieben wird.

Nein, natürlich nicht, darum heißt es ja auch „Grundbedürfnisse". Sie sind bei jedem Menschen vorhanden, aber, wie ich meine, doch in unterschiedlichem Ausprägungsgrad. Die einzelnen Kundentypen gibt es nie oder selten in „Reinkultur". Die kleine Typologie soll Sie aber dafür sensibilisieren, dass Sie bei der Gestaltung Ihrer Online-Präsentation darauf achten müssen, möglichst alle vier Ps anzusprechen.

Klar – umso größer ist die Wahrscheinlichkeit, dass Sie zumindest eines der Grundbedürfnisse des Kunden berühren und einen Ansatzpunkt finden, um das Gespräch zu emotionalisieren.

Trotzdem: Es gibt die Kunden, bei denen ein „P" dominiert. Besonders deutlich wird dies bei finanziellen Dienstleistungen. Nehmen wir als Beispiel nochmals den Peace-Kunden, der oft übervorsichtig ist. Wichtig ist, dass Sie in Ihre Argumentation möglichst Aussagen anderer Kunden integrieren, vielleicht sogar Aussagen eines Kunden, denen Ihr aktueller Gesprächspartner mit einiger Wahrscheinlichkeit vertraut. Ideal wäre es, wenn Sie sogar den Kontakt zu einem Referenzkunden herstellen könnten, der bereit ist, über seine positiven Erfahrungen mit dem Produkt, um das es geht, zu berichten. Oder wenn Sie während der Bildschirmpräsentation das Testimonial eines Kunden aufrufen können, dem der Gesprächspartner sein Vertrauen schenkt. Bei diesem Kunden ist es oft sehr hilfreich, wenn Sie einen Fachspezialisten zitieren können, der zum Beispiel auf einen speziellen und hochkomplexen Aspekt einer Anlage eingehen kann. Konkret: Sie verweisen den Kunden auf ein Video, in dem sich dieser Experte zum Thema äußert.

Achten Sie darauf, dass Ihre Präsentationsfolien immer emotionalisierend wirken und seitens der Gesprächspartner Gefühle wecken. Arbeiten Sie wo immer möglich mit Bildern und Vergleichen und Visualisierungen: „Bilder sagen mehr als tausend Worte." Die Aussagen Ihrer Folien sollten immer kurz und knackig, prägnant, anschaulich und einprägsam formuliert sein. Mit einer bildhaften Sprache und anschaulichen Ausdrucksweise verhindern Sie, dass Langeweile entsteht.

Ein relativ drastisches Beispiel für eine Emotionalisierung zeigt die Folie in **Abbildung 6**, die von einem Berater im Bereich der Krankenversicherung eingesetzt werden kann, um seine Aussage emotional zu visualisieren.

Abbildung 6   Aussagen emotionalisieren – welche medizinischen Leistungen sind Ihnen wichtig? [Quelle/Foto: fotolia.de]

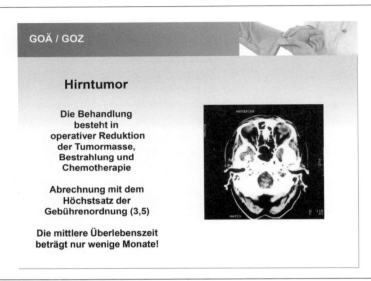

Den Kundentyp erkennen

Eine elementare Frage bei der praktischen Umsetzung lautet, wie Sie zuverlässig erkennen, mit welchem Kundentyp Sie es zu tun haben. Dies ist im Vieraugengespräch und im persönlichen Kontakt schon schwierig genug, aber bei der Online-Beratung selbstverständlich noch komplizierter.

Natürlich: Je länger die Kundenbeziehung andauert, je besser Sie den Kunden kennen, desto präziser fällt die Einschätzung aus. Hilfreich ist es, die Kundendatenbank mit Informationen zu füttern, die den emotionalen Typus und die PPPP-Ausrichtung betreffen. Darum sollten Sie in Ihrem CRM-System hinterlegen, wie sich der Kunde in bestimmten Situationen verhält, etwa in stressigen Konfliktsituationen, bei einer „harten" Verhandlung, bei der Einwandbehandlung oder in der heißen Abschlussphase.

Drei Themen eignen sich vorzüglich dazu, Informationen zu erhalten, die eine typologische Einschätzung erlauben: das familiäre Umfeld, der geschäftliche Erfolg, das leidenschaftlich betriebene Hobby. Und darum gehören die entsprechenden Angaben in die CRM-Datei – je mehr, desto besser. Ein Blick in die Datei zeigt Ihnen dann vor dem Online-Beratungsgespräch, wie es – zum Beispiel – um das Hobby des Kunden steht. Und dann können Sie mit der punktgenauen und kundenindividuellen Emotionalisierung starten und bereits in der Small-Talk-Phase beim Kunden positive Gefühle auslösen und Vertrauen aufbauen.

Wie gesagt – all dies gilt bei Kunden, die Sie bereits kennen. Wie aber schaut es mit Neukunden aus? Um Denk- und Verhaltenspräferenzen sowie Persönlichkeitsprofile einschätzen zu können, bedarf es der Übung und des Trainings. Trotzdem bleiben die Möglichkeiten, den Typus einzuschätzen, eingeschränkt.

Immerhin: Wer seine Wahrnehmungsfähigkeit schult, kann an der Sprechweise und an der Stimme – also Lautstärke, Modulation und Tempo – und der Wortwahl, den verwendeten Formulierungen und Inhalten eine erste Einschätzung vornehmen.

Hinzu kommt: Wie tritt der Kunde auf – eher bestimmend oder eher zurückhaltend? Geht er forsch, aktiv und gesprächig vor, wenn er zum Beispiel eine Frage stellt? Wie drückt er sich aus, welche Sprachbilder benutzt er, ist er ernst oder kommunikativ-heiter? Auch diese Beobachtungen helfen, den Kundentypus zumindest einzugrenzen.

Todsünde 4: Technik unterschätzt – bauen Sie ein Basiswissen auf

Viele Vermittler und Berater sind zweifelsohne gute Verkäufer, können aber mit Technik wenig anfangen. Die einseitige Fokussierung auf die Beratung und die Vorfreude, über den PC Kunden online zu begeistern, führt dazu, die technischen Aspekte zu vernachlässigen.

Aber Online-Verkauf hat auch immer etwas mit Technik zu tun. Das wird in Schritt 7 ganz deutlich, wenn es darum geht, Ihr Online-Büro einzurichten.

Deshalb gehört zu den Kernkompetenzen der neuen Beratergeneration auch eine gewisse Technikaffinität. Sie sollten sich darum mit dem Internet, dem Computer und deren Techniken befassen und auseinandersetzen. Nur so können Sie Dinge ändern, auf Veränderungen schnell reagieren und diese auch umsetzen. Hinzu kommt: Nur wenn Sie diese Kernkompetenz besitzen, sind Sie in der Lage, die richtigen Tätigkeiten auszulagern und an virtuelle Assistenten zu übergeben und diese entsprechend zu briefen.

Bei den technischen Fragen geht es häufig um Kleinigkeiten, die einfach nicht beachtet werden. So brauchen Sie zum Beispiel ein Headset, um während des Telefonats die Hände frei zu haben und die Tastatur bedienen zu können. Wenn Sie auf die schlechte Qualität Ihres Headsets erst von Ihren Kunden aufmerksam gemacht werden, weil diese Sie kaum verstehen können, haben Sie wahrscheinlich am falschen Ende gespart – und die ersten Kunden verloren. Oder Sie verfügen nicht über das technische Wissen, um einschätzen zu können, welche Funktionalitäten Ihr Headset auf jeden Fall aufweisen sollte.

Auf Ihrer Internetseite entwickeln Sie einen Sog auf Ihre Kunden mithilfe von Videos, Podcasts und vielem mehr. Das Problem: All diese Tools müssen erst einmal hergestellt und produziert werden. Und damit die Ergebnisse – also zum Beispiel das Begrüßungsvideo, mit dem Sie sich Ihren Online-Kunden vorstellen – Ihren Wünschen und Erwartungen entsprechen, ist ein Grundwissen, wie ein Video hergestellt wird, sehr nützlich.

Natürlich können Sie dazu fremde Hilfe nutzen und Expertenwissen einkaufen. Das ist häufig empfehlenswert, damit Sie sich voll und ganz auf Ihre Hauptkompetenz konzentrieren können, nämlich die Online-Beratung. Trotzdem: Ein Grundwissen ist von Vorteil, damit Sie Einfluss auf die Gestaltung der Tools nehmen können. Zumindest sollten Sie in der Lage sein, das Video und andere Inhalte auf Ihrer Internetseite selbst hochzuladen, damit Sie Ihre Kunden immer auf dem neusten Stand halten können.

Dasselbe gilt für den Aufbau, die Gestaltung und Verwaltung Ihrer Homepage. Es ist hilfreich zu wissen, welche verschiedenen Content Management Systeme es gibt und deren Vor- und Nachteile einschätzen zu können. Ein Experte kann Sie beraten und in die Handhabung einarbeiten. Sie sollten aber nach einer gewissen Zeit fähig sein, souverän „Ihr" Content Management System zu nutzen und etwa kleinere Änderungen an Ihrer Homepage eigenständig und professionell vorzunehmen.

Das Schlimmste, was Ihnen passieren kann, ist, dass angesichts der Beschäftigung mit der widerspenstigen Technik Ihr Online-Beratungsgespräch leidet.

! *Stopp, ich hätte da mal eine Frage!*

Ist es nicht auch sehr teuer, zum Beispiel mit Webdesignern und IT-Administratoren zusammenzuarbeiten?

Aber oft ist es noch teurer, nach dem Prinzip Learning by doing vorzugehen und viel Lehrgeld zu zahlen. Ich bin der Meinung, man sollte das, was andere eindeutig besser können, ruhig abgeben oder delegieren – und dafür auch zahlen. Sie sollten sich jedoch genügend Fachwissen aneignen, um die grundlegenden Entscheidungen eigenverantwortlich treffen und in ihren Konsequenzen überblicken zu können. Und wenn Ihre Videos auch aus Kostengründen zu Beginn noch eigenproduziert sind, sollte rasch eine Professionalisierung erfolgen: Entweder durch die Unterstützung eines Profis – oder weil Sie in der Zwischenzeit so viel Know-how aufgebaut haben, dass sich die Einrichtung eines Videostudios im Keller lohnt.

Todsünde 5: Tohuwabohu bei der Umsetzung – setzen Sie die richtigen Prioritäten

Immer wieder stelle ich fest, dass sich Online-Berater ohne zielgerichteten Plan an die Umsetzung ihres Internetbusiness begeben. Da wird eine Internetseite aufgesetzt, da wird mal getwittert oder da werden Kommentare in Facebook verfasst. Andere geben Hunderte von Euros für Google AdWords-Werbung aus. Doch diese Aktivitäten drohen zu verpuffen und wenig Nutzen zu entfalten, wenn Sie nicht planvoll und effektiv die richtigen Schritte aneinanderreihen.

Wahrscheinlich kennen Sie den Unterschied zwischen Effizienz und Effektivität: Effizient gehen wir vor, wenn wir die Dinge richtig tun. Effektivität hingegen entsteht, wenn wir die richtigen Dinge tun. Die Kunst besteht darin, die richtigen Dinge richtig zu machen, also etwa zum angemessenen Zeitpunkt und in angemessener Qualität.

Als ich mich vor einigen Jahren als Online-Berater selbstständig machte, stand für mich fest: Die Kunden müssen mich im Netz finden, auf meine Homepage gelangen, damit sie Termine mit mir vereinbaren können. Und dann berate ich sie. Meine erste Überlegung drehte sich daher um die Frage, wie ich mit meiner Dienstleistung bei den Suchmaschinen ganz oben landen könnte.

Aber dann gelangte ich im Austausch mit Freunden zu der Ansicht: „Was nutzt es mir, wenn mein Online-Terminkalender übervoll ist, ich ständig neue Anfragen erhalte, weil Jan Helmut Hönle bei Google und Co. on the top ist und meine Profi-Homepage eine unwiderstehliche Sogwirkung ausübt – ich aber eklatante Schwächen in der Beratung selbst habe? Die Kunden mithin voller enthusiastischer Erwartung mit mir Kontakt aufnehmen, es mir dann jedoch nicht gelingt, das Online-Beratungsgespräch planvoll über die erste Kontaktaufnahme bis zum Abschluss zu führen?"

Meine Schlussfolgerung damals und mein Rat heute an Sie:

■ Da wir mit der persönlichen Online-Beratung, also im Zweiergespräch, den Kunden zum Abschluss führen – und übrigens so auch unser Geld verdienen –, müssen wir, müssen Sie zunächst einmal die Fertigkeiten der Online-Beratung erlernen und beherrschen. Meiner Erfahrung nach ist es besser, Prioritäten zu setzen und die Schritte nach und nach effektiv und effizient abzuarbeiten, also nicht alles zugleich anpacken und verwirklichen zu wollen. Dies birgt die Gefahr, sich heillos zu verzetteln.

■ Wenn Sie die Methodik und die Methoden der Online-Beratung beherrschen, ist es an der Zeit, sich intensiv um Ihre Internetseite zu kümmern. Diese soll Sie unterstützen, Ihr Expertenwissen und Ihr Expertenbranding beim Kunden zu positionieren. In der Regel benötigt der Kunde sieben bis zwölf Kontakte, bis er bei Ihnen kauft. Einen Großteil dieser Kontakte müssen Sie über die Internetseite, den Blog, über Videos und Podcasts generieren. So werden Sie in den Augen der Kunden als Experte wahrgenommen.

■ Erst jetzt beginnen Sie damit, über Google-Strategien und mithilfe Ihrer Social-Media-Aktivitäten den Kunden auf Ihre Internetseite aufmerksam zu machen. Jetzt können Sie damit beginnen, Tausende von Besuchern auf Ihre gut präparierte Internetseite zu ziehen und dort die Kaufenergie Ihrer Kunden aufzuheizen. Und dann animieren Sie sie, einen Online-Termin zu buchen und sich durch Ihre Online-Beratung professionell zum Abschluss führen zu lassen.

! *Stopp, ich hätte da mal eine Anmerkung!*

Ich muss gestehen: Als ich Ihr Inhaltsverzeichnis gelesen und Ihre Ausführungen bis hierhin verfolgt habe, stellte sich mir schon die Frage, warum Sie das Pferd von hinten aufzäumen. Jetzt allerdings verstehe ich, warum Sie mit der Beratungskompetenz beginnen und dann erst das Internetmarketing und das Netzwerkmarketing folgen lassen.

Danke schön!

→Fazit

– Vermeiden Sie es, Ihre Erfolgschancen als Online-Berater zu beeinträchtigen, indem Sie typische Anfängerfehler begehen.

– Erarbeiten Sie sich eine klare Positionierung nach dem Motto: Einzigartigkeit durch das AAA-Prinzip (Anders Als Andere).

– Prüfen Sie, welche weiteren Kompetenzen Sie neben der Beratungskompetenz aufbauen müssen, um Ihre Ziele zu erreichen.

– Emotionalisieren Sie Ihre Beratungsgespräche am PC kundentypgerecht.

– Berücksichtigen Sie die technischen Aspekte, die die Online-Beratung mit sich bringt.

– Gehen Sie effektiv vor: Erwerben Sie zuerst Online-Beratungskompetenz, bevor Sie Ihr Internetmarketing und Ihr Netzwerkmarketing professionalisieren.

Schritt 3: Führen Sie das persönliche Online-Beratungsgespräch von Mensch zu Mensch

✓ **Was Sie jetzt erfahren**

- Sie lesen, mit welchen Methoden und Techniken Sie Kunden in jeder Phase der Online-Beratung überzeugen.

- Sie erhalten konkrete Umsetzungshinweise, wie Sie per Telefon und Bildschirmübertragung ein emotionales Vertrauensverhältnis zum Kunden aufbauen.

- Sie erfahren, wie Sie in jeder Phase des Online-Beratungsgesprächs kunden- und nutzenorientiert vorgehen.

„Sind Sie gerade online?"

Als ich mich vor einigen Jahren als Online-Finanzierungs- und Versicherungsvermittler selbstständig machte, gab es auch wohlmeinende Freunde, die mein Vorhaben eher skeptisch betrachteten. Erwin etwa, erfolgreich tätig als Finanzmakler und ein bisschen älter als ich, riet mir dringend ab: „Jan, es geht nichts über das Vieraugengespräch, du darfst auf das emotionale Feeling nicht verzichten. Den Kunden an die Hand nehmen, die persönliche Begrüßung, der Handschlag, der Blickkontakt – ohne das wird es nicht funktionieren."

Heute, über ein Jahrzehnt später, hat jener Finanzmakler über 70 Prozent seiner Kunden noch nie gesehen, jedenfalls nicht persönlich. Denn die Online-Beratung erlaubt es ihm, die Kunden virtuell zu beraten. Nebenbei bemerkt: Bei mir sind es fast 99 Prozent.

Die Online-Beratung schließt nicht aus, diejenigen Kunden, die dies wünschen, persönlich aufzusuchen. Und mein Freund Erwin nutzt jede Möglichkeit zur persönlichen Begegnung mit seinen Kunden. Er gehört halt noch zu der Generation, die vor dem Siegeszug des Internet im Verkauf gearbeitet haben.

Aber die Entwicklung zum – im ersten Schritt beschriebenen – Cocooning hat dazu geführt, dass die Frage „Sind Sie gerade online?" von den meisten Kunden ganz selbstverständlich mit Ja beantwortet wird. Und es gibt Kunden, die erwarten es geradezu, dass man ihnen diese Frage stellt.

Voraussetzung ist natürlich, dass der Kunde Ihnen vertraut, auch wenn Sie selbst noch nicht bei ihm im Wohnzimmer auf der Couch Platz genommen haben. Und jetzt kommt das, was viele nicht so recht glauben können. Es ist möglich, vom Homeoffice aus über Telefon, Computer und Internet eine persönliche und vertrauensvolle, eine emotional gefärbte Beziehung aufzubauen. Dazu habe ich Methoden entwickelt, die mittlerweile auch von Erwin genutzt werden – und von anderen Online-Beratern der unterschiedlichsten Branchen.

Mit Vertrauenstreibern Reputations- und Erfahrungsvertrauen aufbauen

Eine Voraussetzung ist: Die Kunden wollen sich im Vorfeld der eigentlichen Online-Beratung ein detailliertes Bild von ihrem Online-Berater machen. Erwin etwa ist in zahlreichen sozialen Netzwerken unterwegs, er verfügt über eine ansehnliche Internetseite mit vielen nützlichen Tools, die eine Sogwirkung auf den Kunden ausüben. Dort können die Kunden ihre Meinung über seine Beratungen hinterlegen. Es gibt ja kein Medium, in dem Kritik, sowohl positive als auch negative, so rasch, ungefiltert und damit ehrlich geäußert werden kann, wie im Netz. Und wenn sich die große Masse, wenn sich sehr viele Menschen positiv über Erwins Arbeit äußern, baut sich Vertrauen auf. Vertrauen entsteht durch positives Feedback, durch ehrlich-offene Rückmeldungen, die Erwins Kunden auf seiner Website nachlesen können.

Es gibt wohl kaum einen Kunden, der etwas im Internet kauft und sich nicht einen Überblick über die Kundenbewertungen verschafft – bei Amazon etwa sind dies die Kundenrezensionen.

So entsteht Reputationsvertrauen: Die Vertrauenswürdigkeit steigt, weil die Dienstleistung des Online-Beraters von den Menschen positiv bewertet wird – dies schlägt sich auch in Weiterempfehlungen nieder. Und dann muss selbstverständlich das Erfahrungsvertrauen hinzukommen: Es bildet sich, wenn der Kunde mit dem Online-Berater einen Termin vereinbart und während der Online-Beratung in seinen Erwartungen nicht enttäuscht, sondern vielmehr bestätigt wird. Am größten ist die Kundenzufriedenheit, wenn diese Erwartungen sogar übertroffen werden – dies ist im virtuellen Raum nicht anders als in der realen Welt.

! *Stopp, ich hätte da eine Frage!*

Wollen Sie wirklich den Vertrauensaufbau in der virtuellen Welt mit dem in der realen Welt vergleichen?

Natürlich, ich gebe Ihnen ein Beispiel: Wenn ein Kunde auf meine Internetseite kommt, hat er in aller Regel ein Problem oder ein Bedürfnis. Er sieht sich meinen Blog, meine Videos über meine Arbeit, die Podcasts und die Audiofiles, durch die er erfährt, wie er sich – zum Beispiel – für den Fall der Berufsunfähigkeit absichert, an. Er bekommt Insider-Informationen, die er üblicherweise von anderen Vermittlern so nicht erhält oder nur dann, wenn er direkt nachfragt. All dies zeigt ihm, dass ich ihm nutzenwerte Angebote unterbreite. Ich beweise ihm einfach, was ich zu bieten habe, und stelle ihm mein gesamtes Insider-Wissen zur Verfügung – ohne etwas zu verheimlichen. Eigentlich könnte er bereits mit den Informationen auf meiner Internetseite seine Entscheidung treffen oder sein Problem lösen. Doch genau das Gegenteil ist der Fall! Durch den Expertenstatus, den ich mir durch die Informationsweitergabe aufbaue, erzeuge ich einen Sog. Heute möchten Kunden kaufen – und nichts verkauft bekommen. Da gehört Transparenz dazu. Wenn ich dem Kunden schon vorab viele Informationen zur Verfügung stelle, die er sich zu jeder Tages- und Nachtzeit ansehen kann, kann er sich selbst ein Bild von meinem Expertenstatus machen.

Dann liest er sich in die Kundenbewertungen und Kundenäußerungen ein. Er sieht nicht nur wenige anonyme Bewertungen, sondern Hunderte von Kundentestimonials, die mit Name und Datum versehen sind. So kann er sich selbst von der Beratungsqualität überzeugen.

Ja, aber wird er bei diesen Kundenmeinungen nicht denken, dass diese gefälscht sein könnten?

Ja, das könnte er denken. Doch zuerst einmal wirken diese Bewertungen ähnlich wie bei Portalen, denken Sie nur an eBay. Stellen Sie sich vor, Sie möchten ein hochpreisiges Produkt bei eBay erwerben. Da Sie hier Vorkasse leisten müssen, schauen Sie sich natürlich zuerst die Bewertungen an, die der Anbieter oder Verkäufer erhalten hat, oder? Nun frage ich Sie: Würden Sie vorab das Geld überweisen, wenn der Verkäufer nur 49,9 Prozent positive Bewertungen hat? Wenn jeder zweite sagen würde: „Liefert nicht", „Kein Kundenservice", „Nie erreichbar" usw.?

Nein, da würde ich bestimmt nicht einkaufen.

Wenn aber 99,9 Prozent aller Kundenbewertungen positiv sind und lauten „Gerne wieder", „Prompte Lieferung" „Toller Service", dann würden Sie hier wahrscheinlich kaufen. Genauso verhält es sich mit vielen aktuellen Kundenmeinungen auf der Internetseite eines Online-Beraters. Der Kunde fasst Vertrauen und bucht den Termin im Online-Kalender. Und wenn der Kunde dann am Ende des Online-Beratungsgespräches selbst eine Bewertung abgibt und diese am nächsten Tag ebenfalls bei den anderen Bewertungen findet, was wird er dann über die anderen Bewertungen denken?

Wahrscheinlich wird er glauben, dass diese Bewertungen auch echt und authentisch sind. Er hat ja am eigenen Beispiel erlebt, wie es funktioniert.

Das Vertrauen in das Ergebnis des Online-Beratungsgesprächs wächst also. Übrigens: Gerade nach der Online-Beratung ist es ein Leichtes, den Feedbackbogen für Weiterempfehlungen und Kundenbewertung direkt beim Kunden zu öffnen und just in time die Bewertung abzufragen. So erhalten Sie automatisch von bis zu 80 Prozent der beratenen Kunden eine Bewertung und Empfehlungen.

Trotzdem – kann Vertrauen entstehen, ohne sich ein einziges Mal von Angesicht zu Angesicht gesprochen zu haben?

Vertrauensaufbau ist ein Prozess, den ich durch Aktivitäten wie den folgenden vorantreibe: Wenn jemand auf meiner Seite einen Termin bucht, schaue ich, in welchen sozialen Netzwerken er unterwegs ist, und sende eine Freundschaftsanfrage. Die Wahrscheinlichkeit, dass er sie annimmt, ist relativ hoch. So werden wir schon vor der Beratung zu „Freunden", wenn auch zunächst einmal nur zu virtuellen. Wenn es schließlich in die Online-Beratung geht, öffnet sich der Kunde leichter – man kennt sich ja bereits. Geht es etwa um eine Vermögensanlage, spricht er freier über seine Vermögensverhältnisse. Das ist eine gute Basis, um in der Online-Beratung das Vertrauensverhältnis auszubauen, zu festigen und der Kundenbeziehung überdies eine emotionale Qualität zu geben.

Emotionale Qualität bei der Bildschirmpräsentation – na, da bin ich gespannt.

Beratungsgespräch auf Augenhöhe: die zehn Phasen des Online-Beratungsgesprächs

Es ist so weit: Sie haben Ihren zukünftigen Kunden über das Internetmarketing und das Netzwerkmarketing auf Ihre Internetseiten geholt, erzeugen dort einen Sog, qualifizieren den Besucher, der dann automatisch in Ihrem Online-Terminkalender (siehe dazu **Abbildung 7**) den Beratungstermin bucht.

Abbildung 7   Den Kunden im Online-Terminkalender Termine selbst
buchen lassen

Professionelles Internetmarketing und das Netzwerkmarketing bilden die
Voraussetzungen für die Online-Beratung – mehr dazu in Schritt 5 und 6.
Die Online-Beratung jedoch ist das wichtigste Element. Sie ist die Speerspit-
ze im Online-Verkauf. Denn mit der Online-Beratung schließen wir ab,
closen den Kunden und verdienen unsere Provision. Was nützt es, Tausende
von Interessenten auf der Seite zu haben und viele Anfragen über das Internet zu generieren, wenn der Kunde dann nicht über das Internet abschließen
kann? Die **Abbildung 8** veranschaulicht den dreistufigen Prozess:

Abbildung 8   Dreistufiger Prozess gipfelt in Online-Beratung

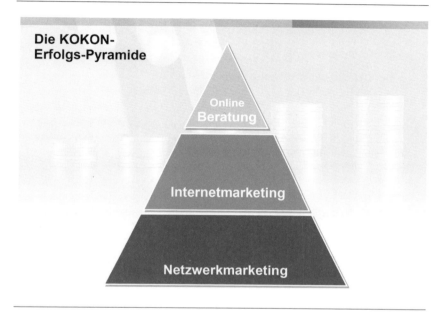

Struktur und Phasen der Online-Beratung

Die Online-Beratung über Telefon und Computer-Bildschirmübertragung kommt dem persönlichen Verkaufsgespräch sehr nahe. Das zeigt sich allein schon darin, dass die Struktur der Online-Beratung mit der des realen Verkaufsgesprächs so gut wie identisch ist. Sie besteht aus diesen Phasen:

Zehn Phasen: die Struktur des Online-Beratungsgesprächs

– Kennenlernen, Begrüßung und Vorstellung

– Interesse wecken, Bedarf oder Problem feststellen

– Vorqualifizierung

– Vorabschluss

— Lösungsmöglichkeiten präsentieren

— Einwände bearbeiten

— Abschluss, Weiterempfehlungen und Referenzen

— Verabschiedung

— Nachbereitung (After Sales)

— Cross Selling

Ihre besondere Herausforderung besteht darin, alle Online-Möglichkeiten auszuschöpfen, um den Kunden zu informieren und in möglichst jeder Gesprächsphase ein erlebnisorientiertes Verkaufsgespräch aufzuziehen.

Erste Phase: Kennenlernen, Begrüßung und Vorstellung auf allen Sinnesebenen

Wie läuft die Kennenlernphase im Internet bei der Online-Beratung ab? Im direkten Gespräch kommt der Kunde zu mir ins Büro, geht durch die Türe. Bei der Online-Beratung loggt er sich in meine Internetseite ein, klickt dort auf den Button „Online-Büro" und sieht ein Bild meines Online-Büros. Nutzen Sie die Möglichkeit, den Kunden auf mehreren Sinneskanälen zu begrüßen: Über das Telefon stellen Sie sich vor und sprechen den Kunden so auf dem auditiven Sinneskanal an. Blenden Sie auf dem Bildschirm eine Folie ein, die Ihr Konterfei zeigt und einige Informationen zu Ihrer Person umfasst. Sie wissen es bereits: Gerade diese Infos unterstützen Sie dabei, um erste Gemeinsamkeiten mit dem Kunden abzuklopfen oder herzustellen.

Die Kennenlernphase ist für die weitere Entwicklung der Kundenbeziehung überlebenswichtig. Wenn Sie hier nicht den richtigen Ton treffen, landen Sie schneller, als Ihnen lieb sein kann, in der letzten Phase – in der Verabschiedung.

Darum dürfen Sie Ihrer Kreativität keine Grenzen setzen: Vielleicht integrieren Sie Ihr Faxgerät in das Begrüßungsritual und faxen dem Kunden in dieser Phase ein Papier zu, auf dem Sie ihn handschriftlich willkommen heißen: „Ich begrüße Sie auch auf diesem Weg zu unserem Gespräch!" Oder Sie versehen das Papier mit einer Zeichnung, die zum Beratungsanlass passt oder etwas Persönliches von Ihnen preisgibt.

Letzteres würde ich an Ihrer Stelle favorisieren, um das emotionale Vertrauensverhältnis zu unterstützen. Durch das Fax betreten Sie zudem die Welt der Haptik: Der Kunde hält etwas von Ihnen in Händen, kann das Papier mit Ihrer Botschaft anfassen – der Tastsinn wird angesprochen.

Bei der Vorstellung ist es wichtig, das Eis zu brechen, den Kunden in ein Gespräch zu bringen, zu öffnen und Vertrauen aufzubauen, so wie zuvor schon beschrieben. Und er soll mich durch meine Vorstellung als Experten erkennen – und anerkennen.

! Stopp, ich hätte da eine Anmerkung!

Ich muss gestehen: Es gefällt mir, wie Sie immer wieder versuchen, Elemente des üblich-traditionellen Verkaufsgesprächs mit den Optionen zu kombinieren, die sich durch die Online-Beratung eröffnen.

Online-Beratung soll das Vieraugengespräch nicht ersetzen, sondern ergänzen. Bei einem sehr wichtigen Kunden mit riesigem Umsatzpotenzial habe ich sogar einmal den folgenden, zweifelsohne aufwändigen, aber zugleich sehr erfolgreichen Weg gewählt: Just in dem Moment, in dem ich den Kunden zu einem fest vereinbarten Zeitpunkt per Telefon und über den Bildschirm begrüßte, klingelte es bei ihm an der Haustür. Ich bat den Kunden, doch ruhig aufzumachen, es könnte ja wichtig sein, ich würde gern warten.

Vor der Tür stand dann ein von mir beauftragter Fahrrad-Kurier, mit dem ich über das Handy kommunizierte, um den Ablauf von Begrüßung und Klingeln zu koordinieren. Der Kurier überreichte dem Kunden ein kleines Präsent von mir. Was das war, ist vollkommen unerheblich. Aber Sie können sich denken, welchen Einstand ich bei diesem Kunden hatte. Die Investition für den Kurier jedenfalls hat sich rasch amortisiert – und Sie können mir glauben: Dieser Topkunde erinnert sich sein Leben lang an mich.

Des Weiteren sollten Sie für diese Phase überlegen, welche Methoden, die sich im Verkaufsgespräch in der realen Welt bewährt haben, Sie auf die virtuelle Online-Beratung übertragen können.

Weitere Tipps für die Begrüßungsphase

— Sie wissen, was ein Elevator Pitch ist: Der Begriff bedeutet so viel wie „Verkaufsgespräch im Fahrstuhl". Gemeint ist die Fähigkeit, ein Anliegen so knapp, kurz und prägnant zu formulieren, dass die Zeit einer Fahrt im Fahrstuhl ausreicht, um den Gesprächspartner für sich einzunehmen – nämlich knapp 30 Sekunden. Bereiten Sie für die Begrüßungsphase solch eine „Fahrstuhl-Präsentation" vor, um dem Kunden zu erläutern, was Ihr Business ist und welchen Nutzen Sie ihm bieten können. Unterstützen Sie den Elevator Pitch durch Folien, die Sie dem Kunden am Bildschirm zeigen. Entscheidend ist: Der Elevator Pitch ist strikt empfängerbezogen, Sie müssen daher wissen, mit wem Sie es zu tun haben, um Ihre Problemlösung und Ihren Nutzen empfängerorientiert und anlassbezogen auf den Punkt zu bringen.

— Halten Sie ein Testimonial oder ein Referenzschreiben bereit, das Sie dem Kunden am Bildschirm auf einer Folie präsentieren können. Mit einiger Wahrscheinlichkeit kennt er ja bereits die Kundenäußerungen, die Sie auf Ihrer Website hinterlegt haben. Es kann aber nicht schaden, in der so wichtigen Begrüßungsphase mit dem ganz besonderen Testimonial eines Premiumkunden zu punkten.

— Recherchieren Sie so viel wie möglich über Ihren Kunden. Sie müssen sein Business und ihn selbst aus dem Effeff kennen, um im Online-Gespräch immer wieder aufs Neue zu belegen, dass Sie Experte für seine Lebens- und Vorstellungswelt sind.

Konkurrenzsituation prüfen

Bereits bei der Begrüßungsphase sollten Sie versuchen festzustellen, ob dem Kunden Alternativangebote vorliegen oder wo er bisher seinen Bedarf befriedigt hat. Nehmen wir an, Sie sind als Immobilienmakler unterwegs. Der Kunde hat über den Online-Terminkalender einen Termin gebucht – Sie dürfen davon ausgehen, dass er sich in der Informationsphase befindet und von Ihnen zunächst einmal grundlegende Informationen erhofft.

Da Sie dies wissen und Ihnen aufgrund der Online-Terminvereinbarung auch bekannt ist, wo der Kunde sitzt, haben Sie eine Folie mit den größten ortsnahen Immobilienanbietern vorbereitet. Sie rufen die Folie mit den Namen und Logos der Immobilienanbieter auf und erhalten von Ihren Kunden Äußerungen wie zum Beispiel: „Ja, das Maklerunternehmen Gerd Müller, das kenne ich, mit denen hatte ich auch schon Kontakt." Vielleicht erfahren Sie im lockeren Gespräch sogar, welche Erfahrungen der Kunde mit einem Immobilienanbieter gemacht hat, und verfügen über gleich mehrere Anknüpfungspunkte, um die eigenen Produkte und Dienstleistungen sowie Ihre Person in ein vorteilhaftes Licht zu rücken.

Voraussetzung ist die Gestaltung Ihrer Folie, durch die sich der Kunde animiert fühlt, aus dem Nähkästchen zu plaudern und über seine – guten oder schlechten – Erfahrungen, die er mit Ihren Konkurrenten gemacht hat, zu berichten.

Die „Lächel-Funktion" Ihrer Folien

Kunden wollen informiert werden – natürlich. Sie wollen aber auch, dass sich im Gespräch mit Ihnen positive Gefühle einstellen. Sie müssen sich dem Kunden sympathisch machen, es erreichen, dass Sie von ihm als sympathischer Gesprächspartner wertgeschätzt werden. Darum empfehle ich, dass Sie mit Ihrem Konterfei und einem möglichst sympathieweckenden Foto auf jeder Ihrer Folien zu sehen sind.

Die **Abbildung 9** zeigt eine meiner „Begrüßungsfolien". Das dort abgebildete Foto erscheint auf jeder meiner Folien und soll – ich hoffe, dies gelingt in den meisten Fällen – positive Gefühle auf Seiten des Kunden wecken, Vertrauen aufbauen und meinen Sympathiefaktor erhöhen. Im direkten Vieraugengespräch wirkt Ihr Lächeln Wunder, wenn es um den Vertrauensaufbau geht. Ihr Anspruch an Ihre Begrüßungsfolie sollte sein, dass sie eine Stellvertreterfunktion für Ihr Lächeln übernimmt und der Kunde durch die Folie „angelächelt" wird.

Abbildung 9	Idealtypische Begrüßungsfolie

Geldwerte Insider-Tipps für Ihre Immobilienfinanzierung

Zweite Phase: Interesse wecken und Bedarf oder Problem lasergenau feststellen

Im Idealfall ist es Ihnen bereits bei der Begrüßung und der Vorstellung gelungen, das Interesse des Kunden so richtig wach zu kitzeln. Ein Grundinte-
resse dürfen wir voraussetzen, denn der Kunde kennt in der Regel ja bereits
Ihre Homepage, ihm liegen erste Informationen zu Ihnen vor. Trotzdem
kann es nicht schaden, jetzt mit einem Interesseverstärker zu arbeiten, der
die emotionale Aufmerksamkeit des Kunden kräftig erregt.

Interessewecker online präsentieren

Dazu eignen sich vor allem eher ungewöhnliche Vorgehensweisen – zum
Beispiel:

■ Nutzen Sie einen der großen Vorteile der Bildschirmpräsentation: die
  Möglichkeit, Sachverhalte und Äußerungen mit vorbereiteten Folien zu

verstärken. So könnte es bereits jetzt der richtige Zeitpunkt sein, mit offenen Karten zu spielen und Ihre Unterschiede zum Mitbewerber auf einer Folie darzustellen. Natürlich sollen Sie auch den Nutzen benennen, den Sie dem Kunden stiften können, aber eben auch die Nachteile offenlegen. Die ehrliche Darlegung dessen, was Sie gut können und was nicht, in dieser frühen Phase der Online-Beratung führt meistens zu einem gesteigerten Kundeninteresse.

■ Warten Sie mit einer absoluten Topneuigkeit auf – aus Ihrer Branche, aus Ihrem Produkt- und Dienstleistungsportfolio, aus Ihrem Unternehmen. Wichtig ist immer der zielgenaue Bezug zur Realität des Kunden. Konkret: In der neuesten Ausgabe der Stiftung Warentest ist bei einem Produktvergleich auch eines Ihrer Produkte bewertet worden. Sie rufen die entsprechenden Seiten des Magazins, die Sie vorab eingescannt haben, auf dem Bildschirm auf und stellen dem Kunden die wichtigsten Ergebnisse der Bewertung vor.

■ Überlegen Sie, wie Sie die Topneuigkeit möglichst provozierend formulieren darstellen können. Während ich diese Zeilen schreibe, werden in den Medien die Nachteile der Privaten Krankenversicherung diskutiert. Verstärken Sie das Interesse des Kunden mit einer Folie wie: „Wer die falsche PKV wählt, ist schon verloren!" Das bietet eine gute Möglichkeit, die Vorteile Ihrer Angebote ins Spiel zu bringen.

■ Beginnen Sie mit einer Geschichte, einer Erzählung. Das sogenannte Storytelling hebt darauf ab, dass Sie das Kundeninteresse durch eine spannende Geschichte wecken, die selbstverständlich zu Ihrem Gesprächsthema und zur Kundenwirklichkeit passen muss. Emotional anrührend und packend wirkt diese Story, wenn Sie sie aus Ihrem persönlichen Erfahrungsschatz ableiten können, Sie sie also selbst erlebt haben. Ganz automatisch werden Sie Ihre selbsterlebte Geschichte in anrührende Bilder und Worte verpacken. Geeignet sind überdies Kundenberichte, also (in der Regel anonymisierte) Erfahrungsberichte Ihrer Kunden zur Nutzung Ihres Produktes oder Ihrer Dienstleistung.

Mit genauem Zuhören und virtuellem Notizblock Kundenbedarf ermitteln

In dieser Phase ist es wichtig, dass Ihr Kunde zu Wort kommt und Sie selbst sich auf das aktive Zuhören konzentrieren und Fragen stellen. Die Neigung, in Produktvorteilen zu schwelgen und sich ausführlich über das, was man anzubieten hat, auszulassen, ist auch im „normalen" Kundengespräch ein Problem. Bei der Online-Beratung verstärkt es sich, weil Ihnen die Körpersprache des Kunden fehlt, anhand derer ein erfahrener Berater relativ rasch feststellen kann, ob er Gefahr läuft, den Gesprächspartner zuzutexten.

Bereiten Sie sich mental darauf vor, auch einmal zu schweigen und zuzuhören. Der liebe Gott gab uns – nach Johann Wolfgang von Goethe – zwei Ohren, aber nur einen Mund, damit wir doppelt so viel zuhören können wie sprechen. Darum ist es notwendig, sich nicht nur mit den verschiedenen Fragetechniken zu beschäftigen – das ist für die meisten Berater kein größeres Problem –, sondern überdies mit den verschiedenen „Zuhörtechniken". Sie helfen Ihnen, sich selbst zurückzunehmen und intensiv zuzuhören.

Da haben wir zum einen das bestätigende Zuhören: Sie bestätigen das, was der Kunde von sich gibt, mit einem „Ja" oder „Ich verstehe". Sie halten das Gespräch in Fluss, signalisieren dem Kunden, dass Sie weiterhin mit ihm auf einer Wellenlänge funken und motivieren ihn zum Weiterreden.

Mit dem verstehenden Zuhören gehen Sie einen Schritt weiter und zeigen dem Kunden, dass Sie teilnehmen an dem, was er sagt. Während der Kunde spricht, nutzen Sie die Zeit, um sich darüber Klarheit zu verschaffen, was der Gesprächspartner zum Ausdruck bringen will.

Dafür steht Ihnen in der Online-Beratung ein fast schon geniales Werkzeug zur Verfügung – nämlich der virtuelle Notizblock. Sie kennen das vom direkten Vieraugenkontakt: Während des Gesprächs gehen Sie zur Pinnwand oder zum Flipchart, notieren dort für den Kunden wichtige Informationen oder führen eine Beispielrechnung durch.

Der virtuelle Notizblock erfüllt eine ähnliche Funktion. Mit ihm halten Sie zum Beispiel fest, was der Kunde äußert – und der Kunde sieht auf dem Bildschirm, was Sie notieren. Allein wenn der Name des Kunden hier geschrieben auftaucht, wird ihn dies verblüffen. Der Kunde hat das Gefühl, dass hier etwas Einzigartiges und nur für ihn Angefertigtes entsteht.

Übrigens: Ich nutze für den virtuellen Notizblock das Programm „Windows Journal", welches ab Windows 7 automatisch auf dem PC vorinstalliert ist. Zu empfehlen ist auch das Tool „E-Pen". Zudem benötigen Sie einen Tablet-PC, auf dem Sie mit einem Notizstift direkt schreiben können.

Ihr aktives und teilnehmendes Zuhören drückt sich dadurch aus, dass Sie die Kundenäußerungen nicht nur in eigenen Worten oder mit anderen Ausdrücken wiedergeben. Nein: Sie aktivieren den virtuellen Notizblock und schreiben dort – für den Kunden in Echtzeit nachvollziehbar – die Überschrift „Ihre Wünsche und Erwartungen" nieder. Darunter notieren Sie die Kundenbedürfnisse, die Sie aus den Worten des Kunden direkt ableiten. Der Kunde hört, sieht und spürt: „Dieser Berater will mich nicht durch Produktinformationen zutexten, sondern durch genaues Zuhören herausfinden, was ich brauche und was mir nutzt."

Abbildung 10   Der virtuelle Notizblock

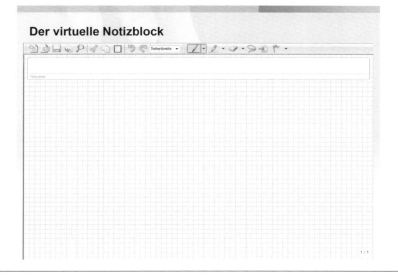

Natürlich sollten Sie die virtuellen Notizen im weiteren Verlauf des Gesprächs immer wieder einfließen lassen und nutzen. Wenn Sie sich zum Beispiel in der Problemlösungsphase befinden, rufen Sie den virtuellen Zettel mit den Kundenwünschen auf und haken ab: „So, diese Erwartung an unser Gespräch haben wir mit dieser Problemlösung erfüllt. Sind Sie einverstanden, dass wir hier ein ‚Erledigt'-Häkchen setzen?"

! Stopp, ich hätte da eine Frage!

Aktives Zuhören, Fragetechnik – das spielt doch in jedem Kundengespräch eine Rolle. Wo bleibt das Online-Spezifische?

Wichtig ist, als Online-Berater zu er-hören, was der Kunde wünscht und in eigenen Worten zu wiederholen. Natürlich hilft dies auch im Vieraugenkontakt weiter. Aber bei der Online-Beratung gewinnt diese Fähigkeit an Bedeutung, weil Ihnen die Körpersprache des Gesprächspartners als Bewertungsmaßstab fehlt. Darum empfehle ich Online-Beratern in spe, ihr Frage- und ihr Zuhörverhalten genau zu analysieren. So kommen sie Optimierungspotenzialen auf die Spur und können den Kundenbedarf konkret einschätzen.

Wie kann solch eine Analyse aussehen?

Sie nehmen eine Online-Beratung auf. Natürlich bitten Sie den Kunden vorher um Erlaubnis. So steht Ihnen authentisches Material zur Verfügung, um zu prüfen: „Arbeite ich mit Aussagesätzen – oder stelle ich offene Fragen und steuere das Gespräch mit Fragen? Wie hoch ist mein Redeanteil und wie hoch ist der meiner Kunden? Lasse ich die Kunden immer ausreden oder neige ich dazu, sie zu unterbrechen? Bin ich in der Lage, auch einmal zu schweigen und nur einfach zuzuhören?" Entscheidend ist wohl: Wer selbst redet, erfährt nichts vom Kunden. Darum sollte dessen Redeanteil möglichst hoch sein. Immerhin möchten Sie als Berater wissen, welche Wünsche, Hoffnungen und Emotionen den Kunden bewegen und wovon seine Kaufentscheidungen abhängen. Ist all dies bekannt, können Sie in die Welt des Kunden eintauchen, aus dieser heraus argumentieren, präsentieren, Einwände behandeln sowie den Abschluss vorbereiten und suchen.

Gibt es weitere Analysemöglichkeiten?

Sie können ein Rollenspiel durchführen, mit einem Trainer oder auch einem anderen Online-Berater, der vielleicht schon über mehr Erfahrung als Sie verfügt.

Dritte Phase: Mit professioneller Vorqualifizierung Ressourcen optimal einsetzen

Sie kennen das wahrscheinlich: Der Kunde möchte – zum Beispiel – eine Versicherung abschließen, bei der Gesundheitsfragen oder Bonitätsfragen eine Rolle spielen oder gar ausschlaggebend sind. Sie fahren zum Kunden oder der Kunde kommt zu Ihnen ins Büro. Dann die große Überraschung: Sie merken bereits nach wenigen Minuten, dass der Kunde gar nicht versicherbar ist. Sie haben den Weg umsonst auf sich genommen, die Reisekosten in den Sand gesetzt – aber nicht nur das: die Vorbereitungszeit, die Unterlagen – alles umsonst.

Anderes Beispiel: Sie möchten den Kunden von einem Ihrer Produkte überzeugen und vereinbaren einen Termin. Es kommt zum Gespräch – nach wenigen Minuten stellt sich heraus, dass der Kunden gar kein Interesse an dem Produkt hat und sich auch nicht davon überzeugen lassen wird. Auf den Punkt gebracht: Sie sind fehl am Platze, Sie können dem Kunden keinen Nutzen bieten. Auch hier ist es schade um die verlorene Zeit. Rechnen Sie sich einmal das Kosten-Nutzen-Verhältnis aus. Mehrere solcher Aktionen in der Woche mit vergeudeter Verkaufszeit ohne Umsatz und es wird gefährlich.

Letztes Beispiel: Sie sind als Immobilienmakler tätig – der Kunde hat sich von den tollen Immobilien begeistern lassen, die Sie auf Ihrer Internetseite präsentieren. Darüber ist vollkommen in Vergessenheit geraten, welches Budget ihm zu Verfügung steht. Dass dies relativ überschaubar ist und für die von Ihnen angebotenen Immobilien nicht ausreicht, erfahren Sie jedoch leider erst, als Sie bereits bei ihm im Wohnzimmer sitzen.

So vermeiden Sie Ressourcenverschwendung

Nun stellen Sie sich aber folgendes Szenario vor: Vor jedem Verkaufsgespräch gehen Sie zunächst einmal mit dem Kunden online. Sie sitzen in Ihrem Büro oder Homeoffice, der Kunde sitzt bei sich zu Hause. Da haben Sie schon einmal die Reisekosten gespart. Innerhalb weniger Minuten zeigen Sie dem Kunden erlebnisorientiert – wie bei einem persönlichen Treffen – um was es geht, wecken Interesse und erfahren innerhalb weniger Minuten, ob der Kunde an Ihrem Produkt Interesse hat. Konkret: Sie erfahren, ob er für Ihr Produkt gesundheits- oder bonitätstechnisch überhaupt geeignet ist und ob die notwendigen finanziellen Mittel zur Verfügung stehen.

Erst wenn dies alles sichergestellt ist, haben Sie die Möglichkeit, ihn weiter online zu beraten, vielleicht sogar bis zum Abschluss. Oder Sie vereinbaren einen persönlichen Termin. Wenn Sie online und auch im direkten Gespräch beraten können, dann haben Sie zu jeder Zeit die Option zu entscheiden, welcher der Wege der bessere ist.

Oder: Sie wollen dem Interessenten gerne ein neues Vorsorgeprodukt vorschlagen. Doch der Kunde wehrt am Telefon ab und sagt: „Schicken Sie mir doch lieber ein Angebot oder einen Prospekt zu." Sie wissen selbst, dass das Zuschicken von Unterlagen eigentlich unsinnig ist. Die meisten Kunden wollen nur nicht zugeben, dass sie kein Interesse haben, und flüchten in diesen Vorwand.

Früher habe ich hier immer geantwortet: „Gerne, unsere Prospekte sind 1,80 groß, haben dunkle Haare und blaue Augen und sind morgen um 16 Uhr oder übermorgen um 18 Uhr bei Ihnen. Wann passt es Ihnen?"

Doch das funktioniert heute nicht mehr. Der Spruch der neuen Verkäuferwelt – er lautet eben: „Sind Sie gerade online?" Statt also die Prospekte und Broschüren einzutüten, sagen Sie: „Gerne schicke ich Ihnen die gewünschten Unterlagen. Um die richtigen Unterlagen vorzubereiten, benötigen wir allerdings noch ein paar Informationen. Sind Sie gerade online? Dann sehen wir uns die benötigten Daten gemeinsam an." Und ehe es sich der Kunde versieht, sind wir auf dem besten Weg zur persönlichen Online-Beratung.

Der Vorteil: Der Kunde hat so die Möglichkeit, seinen Online-Berater und das Produkt kennenzulernen, und zwar ohne Kaufdruck. Sie können Ihre Dienstleistung oder Ihr Produkt vorstellen, ohne die Hürde des persönlichen Termins überwinden zu müssen.

Mit Nachfragetechnik Abschlussverhinderer aufspüren

Der entscheidende Aspekt der Vorqualifizierungsphase ist also: Sie fragen ab, wodurch ein Abschluss möglicherweise verhindert oder gar unmöglich gemacht werden könnte. Je früher Sie dies wissen oder zumindest einschätzen können, umso eher und zielführender sind Sie in der Lage, Ihre Gesprächsstrategie darauf abzustimmen. Von besonderer Bedeutung in diesem Zusammenhang ist die Gesprächstechnik des Nachfragens:

■ Als Finanzberater dürfen Sie sich nicht mit der vagen Auskunft über die Mittel zufrieden geben, die der Kunde anlegen will.

■ Als Versicherungsvermittler müssen Sie nachbohren, wenn es etwa bei der Krankenversicherung um Gesundheitsfragen geht.

■ Als Immobilienmakler muss Ihr penetrantes Nachfragen die Frage klären, welche Summe dem Kunden zur Verfügung steht.

Ihre Aufgabe ist es nun, bezogen auf Ihren Markt, Ihre Branche und Ihre Kundenklientel mögliche Abschlussverhinderer zu benennen, denen Sie durch konsequentes Nachfragen früh- und rechtzeitig auf die Schliche kommen müssen.

Vierte Phase: Mit Vorabschluss Online-Beratung zum Auftrag hinführen

! *Stopp, ich hätte da einen Einwand!*

Bevor Sie fortfahren: Es wundert mich schon sehr, dass diese Phase bereits jetzt zum Gesprächsgegenstand werden soll.

Zunächst einmal: Die zehn Phasen sind natürlich nicht willkürlich gewählt, bilden aber auch nicht punktgenau den Verlauf jedes Online-Beratungsgesprächs ab. Oft werden Phasen übersprungen, vorgezogen oder nachgezogen. Oder Sie kommen in der Phase 7, wenn es um den eigentlichen Abschluss geht, nochmals auf die Bedarfsanalyse zu sprechen.

Und wie verhält es sich beim Vorabschluss?

Auch bei der Online-Beratung werden Sie jene zehn Phasen nicht nach und nach durchlaufen und abhaken können. Oft gehen die Phasen ineinander über, laufen parallel. Während Sie den Bedarf analysieren, sprechen Sie schon die Lösungsmöglichkeiten an. Bei der Einwandbehandlung verstärken Sie noch einmal die emotionale Beziehung zum Kunden, die Sie bei der Begrüßung aufgebaut haben. Gerade der Vorabschluss kann auch zu einem anderen Zeitpunkt stattfinden.

Beim Vorabschluss holen Sie sich das vorläufige „Ja" des Kunden ab. Entscheidend ist das Wort „vorläufig". Sie erfragen den Nutzen, den sich der Kunde zum Beispiel von Ihrem Produkt erhofft, und stimmen Ihre Argumente darauf ab. Sie sind ganz konzentriert darauf, erste Kaufsignale des Kunden zu erkennen, um an dieser Stelle bereits konkret die Abschlussbereitschaft des Kunden festzustellen. Nutzen Sie dazu den virtuellen Notizblock, um für den Kunden nachvollziehbar und sichtbar die „Wenn-Kaufbereitschaft" zu notieren. Wichtige Kaufsignale sind:

- der direkt geäußerte Kaufwunsch: „Ja, das gefällt mir!"

- Aussagen und Fragen des Kunden, die darauf hinweisen, dass er sich bereits mit den Konsequenzen der Kaufentscheidung beschäftigt: „Wie steht es bei Ihnen mit den Lieferfristen?", „Welche Sonderkonditionen können Sie mir anbieten?", „Wie sieht es eigentlich mit Ihrer Betreuung im Schadensfall aus?" und „Welche Kündigungsfristen haben Sie?"

- Fragen des Kunden wie: „Besteht die Möglichkeit ...?", „Geht es auch, dass ...?" oder „Darf ich davon ausgehen ...?"

Für den erfahrenen Online-Berater ist an der Sprache zu erkennen, ob sich der Kunde ernsthaft mit dem Kauf beschäftigt. Jetzt ist Ihr Moment gekommen: Sie notieren auf dem virtuellen Notizblock (gerne in Kurzschrift oder mit Abkürzungen):

- „Wenn wir bis zum 20.ten dieses Monats liefern können, kommen wir dann zusammen?"

- „Wenn wir Ihnen bei der Zahlungsweise entgegen kommen, kommen wir dann zusammen?"

- „Wenn wir alle diese Punkte erfüllen, kommen wir dann zusammen?"

Wenn der Kunde zustimmt, versehen Sie die Aussage mit einem grünen Häkchen – auch visuell hat der Kunde nun sein vorläufiges Ja-Wort gegeben.

Bedenken Sie dabei: Auch Einwände können in dieser Phase letztendlich Kaufsignale sein. Der Kunde ist an dem Produkt interessiert, ringt aber innerlich noch mit sich. Selbst ein so harscher Einwand wie „Das ist aber teuer" zeigt möglicherweise, dass er die Nachteile und den Nutzen gegeneinander abwägt. Ihre Aufgabe ist es, die Nutzenargumentation fortzusetzen oder zu verstärken, damit die Vorteile im Bewusstsein des Kunden die Oberhand gewinnen.

Fünfte Phase: Lösungsmöglichkeiten mit Topfolien präsentieren

Entscheidend in dieser Phase ist Ihre argumentative Überzeugungskraft. Im direkten Vieraugengespräch gewinnen Ihre kommunikativ-rhetorischen Fähigkeiten an Bedeutung. In der Online-Beratung verlassen Sie sich aber nicht nur auf Ihre Kommunikationskompetenz – Sie setzen vorbereitete Folien ein, auf denen Sie Ihre Lösungsmöglichkeiten präsentieren. Grundsätzlich gilt:

- Sie kennen die Herausforderungen und Engpassprobleme, mit denen Ihre Kunden aller Wahrscheinlichkeit nach zu kämpfen haben. Dazu bereiten Sie Folien vor, mit denen Sie Ihre Lösungsansätze veranschaulichen.

- Der virtuelle Notizblock unterstützt Sie dabei, individuell auf den jeweiligen Kunden einzugehen. Wenn sich herausstellt, dass die von Ihnen auf der Folie dargestellte Problemlösung nicht punktgenau zur Kundensituation passt, hilft Ihnen der virtuelle Notizblock dabei, die individualisierte Lösung zu visualisieren.

Folien richtig einsetzen

Machen wir es wieder konkret. Es geht um eine Baufinanzierung und die Frage, ob

■ die möglichst lange Zinsbindung die richtige Lösung ist, um die derzeit günstigen Zinskonditionen langfristig zu sichern, oder

■ ob es nicht effektiver ist, eine möglichst kurze Zinsbindung zu wählen, um immer von dem jeweils günstigsten Zinssatz zu profitieren.

Nun kommen die von Ihnen vorbereiteten Folien zum Einsatz, die – zum Beispiel – die Entwicklung der 10-jährigen Zinsbindung und der variablen Zinsbindung darstellen (**Abbildung 11**). Diese Folie können Sie in jedem Gespräch verwenden, in dem es um das Thema „Baufinanzierung" geht.

Abbildung 11   Kundenlösung – langfristige oder kurzfristige Zinsbindung?

Wenn Sie schließlich die kundenspezifische Lösung darstellen wollen, bei der Sie die Kundenrealität beachten, nutzen Sie den virtuellen Notizblock. Dort entwickeln Sie Schritt für Schritt die kundenspezifische Lösung.

! *Stopp, ich hätte da eine Frage!*

Sie arbeiten ja nicht nur in dieser Phase mit vorbereiteten Folien. Wie funktioniert das überhaupt?

Ich bevorzuge Präsentationsprogramme, mit denen ich Folien im System hochladen kann. Diese lassen sich auch bei einer schlechten Internetverbindung wegen der geringen Größe und der schnellen Ladezeit beim Kunden anzeigen. Ich selbst benutzte hauptsächlich das Präsentationsprogramm der Communication Service Network GmbH, kurz CSN®. Dabei arbeiten Sie Ihre Präsentationsfolien in Power Point aus. Aber Achtung: Überladen Sie die Folien nicht mit Inhalten, wie gesagt: Ein Bild sagt mehr als tausend Worte. Die abgespeicherte PowerPoint-Präsentation wird unter www.csnmoderator.de bei „Präsentationsverwaltung" als neue Präsentation hochgeladen. Sie geben Ihrer Präsentation einen aussagekräftigen Namen und wählen die Power Point-Datei auf Ihrem Computer aus und laden sie hoch. Unter dem „Button „Präsentationsverwaltung" können Sie Ihre Folien dann auch noch verändern. Hinzu kommt: Die Software erlaubt es Ihnen überdies, mit einem Notizstift in die Folien hinein zu schreiben und zu malen, also während des Beratungsgesprächs Zusatzinformationen einzutragen.

Bin ich dann auf die Folien allein angewiesen?

Nein, Sie können mithilfe der „Präsentationsverwaltung" zum Beispiel weitere Folien, einen Weblink oder auch Umfragen hinzufügen. Wichtig ist aber, dass Ihr Expertenwissen und Sie im Mittelpunkt der Kundenwahrnehmung stehen. Die Folien sollten immer nur Mittel zum Zweck sein.

Unterhaltungswert erhöhen

Von dem Erfolg der Darstellung Ihrer kundenorientierten Lösungsmöglichkeiten hängt der weitere Gesprächsverlauf ab. Darum sollten Sie den „Entertainment"-Charakter dieser Phase betonen und den Emotionalisierungsgrad besonders hochhalten. Im persönlichen Vieraugengespräch merken Sie vor allem an der Körpersprache des Kunden, wenn er unaufmerksam wird oder sich sogar langweilt: Er verschränkt die Arme und blickt sich im Besprechungsraum um – er ist auf der Suche nach etwas Interessantem. Im Online-Gespräch sollten Sie den Kunden immer in Aktion halten und seine Fantasie durch die erlebnisorientierte und emotionale Foliengestaltung wecken.

CSN® bietet hier den großen Vorteil, dass Sie auf dem PC des Kunden andere Internetseiten und auch Videos öffnen können. Diese Funktion bieten nur wenige Programme. So können Sie beispielsweise einen Online-Taschenrechner öffnen und das Verkaufsgespräch zur Berufsunfähigkeit haptisch emotionalisieren und befeuern (siehe dazu Schritt 2, Todsünde 3). Überdies ist es möglich, dass der Kunde online ein Formular oder einen Antrag ganz oder teilweise selbst ausfüllt.

Nutzen Sie in dieser Phase auch die Möglichkeit, den Kunden mithilfe eines Videos einen Lösungsvorschlag vorzustellen oder von dem Nutzen Ihrer Lösung zu überzeugen.

Früher, in der alten Verkäuferwelt, haben wir dem Kunden immer nur Charts und Testimonials auf Papier vorgelegt. In der neuen Online-Welt öffnen Sie in der Beratung beim Kunden Ihre Internetseite, auf der ein Video zu sehen ist. Dort äußert sich ein zufriedener Kunde zu Ihrer Problemlösung. Oder ein Prominenter oder ein Experte: Wenn es um die Altersversorge geht, kann dies ein Politiker oder ein Wissenschaftler sein, der eine Studie zum demografischen Wandel und den Konsequenzen erstellt hat und die Notwendigkeit einer privaten Altersvorsorge erläutert.

! *Stopp, ich hätte da einen Einwand!*

Nicht immer steht mir ein Video zu dem Thema zur Verfügung, um das es geht. Es dauert dann doch viel zu lange, das Video zu produzieren.

Zunächst sollten Sie bei YouTube auf die Suche gehen. Dort gibt es zu fast jedem Thema eine ungeheure Vielzahl an Videos, die Sie auf Ihrer Seite einbinden können. So gestalten Sie Ihr Online-Beratungsgespräch multimedial und erlebnisorientiert.

Argumente nutzenorientiert vortragen

Nochmals zurück zur alten Verkäuferwelt: Natürlich können Sie vieles von dem, was dort richtig war, in die Online-Welt mit hinübernehmen. Die nutzenorientierte Darstellung Ihrer Argumente gehört gewiss dazu. Sie sollten sie nur mit den neuen Möglichkeiten der Online-Welt kombinieren – dazu ein Beispiel, bei dem Sie dem Kunden überdies ein haptisches Wahrnehmungserlebnis ermöglichen.

Mein bereits erwähnter Mentor Karl Werner Schmitz hat die Preis-Nutzen-Karten entwickelt. Mit Hilfe eines optischen Effekts verdeutlichen die Karten dem Kunden, dass der Preis und der Nutzen in einem angemessenen Verhältnis zueinander stehen (sollten). Die zwei Karten repräsentieren den Preis und den Nutzen. Sie sehen unterschiedlich groß aus, sind aber genau deckungsgleich (siehe **Abbildung 12**).

Abbildung 12   Die Preis-Nutzen-Karten

Der Kunde be-greift: Der Nutzen entspricht dem Preis – und der Preis entspricht dem Nutzen. Das heißt für Sie: Bereiten Sie eine Folie vor, die die Karten zeigt, um sie Ihrem Kunden zu präsentieren. So verfügen Sie über ein gutes Argument, der Ihren Preis rechtfertigt. – schließlich bieten Sie für Ihren Preis einen adäquaten Nutzen. Sie signalisieren dem Kunden: „Bei mir bekommen Sie etwas für Ihr Geld – nämlich einen optimalen Nutzen!"

Karl Werner Schmitz betont, dass sich die Karten auch einsetzen lassen, um den Kundeneinwand „zu teuer" zu entkräften. Er schreibt im „Versicherungsmagazin": „Die optische Täuschung bewirkt, dass dem Kunden entweder die Nutzen-Karte größer erscheint – oder die Preis-Karte. Da die zwei Karten aber genau gleich groß sind, können Sie Ihrem Kunden gegenüber argumentieren: ‚Wenn Sie den Preis zu sehr in den Vordergrund stellen, besteht die Gefahr, dass Sie auch weniger Nutzen erhalten. Es ist sinnvoll, wenn Preis und Nutzen deckungsgleich sind. Nehmen Sie das niedrigste Angebot an, riskieren Sie es, aufgrund der minderen Qualität einen Zusatzkauf tätigen zu müssen. Sie müssen (zum Beispiel) den Versicherungsbeitrag erhöhen – und zahlen letztendlich mehr'."

Mit den Preis-Nutzen-Karten lassen sich also auch Einwände behandeln – und damit sind wir bei Phase 6 angelangt.

Sechste Phase: Einwände mit Profi-Methoden bearbeiten

Eine der wohl emotionalsten Phasen auch der Online-Beratung ist die Einwandphase. Der Kunde schwankt, Hell und Dunkel, Ja und Nein, die Vorteile und Nachteile einer Kaufentscheidung fechten in ihm eine Entscheidungsschlacht aus. Jetzt trägt er Einwände vor, die oft genug nur Vorwände sind, jetzt kommen ihm Bedenken, die sich in Einwänden niederschlagen, die oft genug auch objektiv nicht stimmig sind.

Standardeinwände mit spezifischen Online-Möglichkeiten behandeln

Sie müssen kühlen Kopf bewahren, den Einwand als verstecktes Kaufsignal erkennen sowie den Einwand als Chance und Wegweiser zum Erfolg interpretieren. Und Sie sollten auch in dieser Phase wieder die spezifischen Online-Möglichkeiten nutzen und entsprechende Videos, Grafiken und Testimonials vorbereiten, die Ihnen helfen, den Kundeneinwand zu entkräften.

Wie aber lässt sich dies vorbereiten? In diesem Zusammenhang ist es sinnvoll, die typischen Standardeinwände zu kennen. Sie können dann für diese Standardeinwände in der Vorbereitungsphase Online-Behandlungsstrategien entwickeln. Klaus-J. Fink unterscheidet die folgenden Standardeinwände, denen wahrscheinlich auch Sie in Ihren Online-Beratungen immer wieder begegnen werden:

■ Der Kunde sagt, er habe kein Interesse.

■ Der Preis: Der Kunde hat kein Budget, Ihre Problemlösung ist ihm zu teuer.

■ Er will nun doch erst einmal schriftliche Unterlagen von Ihnen.

■ Er wendet ein, er habe bezüglich Ihrer Problemlösung bereits einen Lieferanten.

Wenn Ihnen in dieser Auflistung Einwände fehlen, mit denen Sie sehr häufig konfrontiert werden, ergänzen Sie sie bitte. Und dann können Sie sich überlegen, wie Sie ihnen begegnen können.

Loben, „Ja, und"-Technik und Nutzen-Folie einsetzen

Nach Klaus-J. Fink gilt grundsätzlich:

■ Loben Sie den Kunden für den Einwand. Wenn der Kunde sagt, er arbeite bereits mit einem Lieferanten, anerkennen Sie dies: „Es spricht für Sie, wenn Sie Ihrem jetzigen Lieferanten die Treue halten ..." Bei „Kein Interesse" sagen Sie: „Ich finde es gut, wenn Sie vorsichtig agieren, und es gleich sagen, dass Ihr Interesse gering ist ..."

■ Vermeiden Sie es dann jedoch, die „Ja, aber"-Technik anzuwenden. Bei dieser Technik folgt nach dem Lob das große „Aber". Die Verkaufspsychologie geht davon aus, dass das „Ja, aber" eine unbewusste Gegenreaktion auf Kundenseite auslöst: „Erst stimmt er mir zu, und dann kommt doch noch das große Aber. Der meint wohl, er weiß alles besser als ich." Mit dem „Ja, aber" setzen Sie Ihren Kunden also letztendlich ins Unrecht und drücken Ihre Überlegenheit aus. Und das können Kunden oft gar nicht vertragen. Während es jedoch dem Kunden in der alten Verkäufer-Welt schwer fällt, den Besprechungsraum zu verlassen und das Gespräch zu beenden, verfügt der Online-Kunde über die schnelle und bequeme Möglichkeit, durch einen einzigen Klick den Kontakt zu Ihnen für immer zu unterbrechen.

■ Darum ist es zielführender, die „Ja, und"-Technik anzuwenden: Sie anerkennen also den Einwand und sagen zum Beispiel: „Es spricht für Sie, wenn Sie Ihrem jetzigen Lieferanten die Treue halten. Ich sehe, dass mein Angebot Ihren Ansprüchen nicht gerecht wird, *und* darum möchte ich auf einen weiteren Nutzenaspekt eingehen ..."

■ Und jetzt rufen Sie eine Nutzen-Folie auf, die einen sehr kundenintensiven und schlagkräftigen Nutzen darstellt. Mit diesem Nutzen haben Sie bisher hinter dem Berg gehalten, um ihn jetzt in dieser wichtigen Phase des Gesprächs einfließen lassen zu können.

Das bedeutet also: Sie loben den Kunden für seinen Einwand, wenden die „Ja, und"-Technik an und präsentieren schließlich eine Nutzen-Folie. Dabei ist es nicht verboten, auch einmal frech und provokant zu argumentieren. Auf den Standardeinwand: „Ich bin mit unserem derzeitigen Lieferanten zufrieden", erwidern Sie dann etwa: „Dies höre ich sonst nur von *meinen* Kunden. Was macht Sie denn so zufrieden?" Vielleicht kommt der Gesprächspartner bezüglich seiner aktuellen Lieferantenbeziehungen ins Reden, weil er spürt, dass Sie von Ihrer Lösung überzeugt sind, sich mit ihr identifizieren und sie verteidigen wollen.

Weitere Vorschläge, wie Sie Standardeinwände entkräften können

— „Zu teuer": Entwerfen Sie eine Folie, auf der Sie dem Preis-Einwand eine Vielzahl an Vorteilen gegenüberstellen, die Sie zu bieten haben. Oder Sie entwickeln diese Grafik im „Beisein" des Kunden auf dem virtuellen Notizblock.

— Der Kunde hat mit seinem Einwand *objektiv unrecht*, ist jedoch von dessen Richtigkeit überzeugt. Hier empfiehlt es sich, das Argumentationsgleis zu verlassen und in einer anderen Richtung weiter zu argumentieren: „Was Sie da sagen, hat eine ganze Menge für sich. Ergänzend sollten Sie eventuell berücksichtigen ..." Und dann präsentieren Sie eine Folie, mit deren Hilfe Sie eine alternative Argumentationsstoßrichtung einschlagen.

— Der Kunde fordert Unterlagen an: Hier liegt der große Vorteil der Online-Beratung darin, dass Sie sich diese Unterlagen gemeinsam mit dem Kunden jetzt sofort online ansehen können.

Siebte Phase: Abschluss, Weiterempfehlungen und Referenzen – Feedbackformular nutzen

Ich habe Online-Beratungen erlebt, bei denen der Kunde meinte, wir müssten uns doch noch auf jeden Fall zusammensetzen. Gerade bei so sensiblen Themen wie den Finanzen und auch der Gesundheit wünschen viele Menschen die persönliche Zusammenkunft. Wenn wir dann aber in der Online-Beratung stecken und ich die angesprochenen Methoden nutze, um den Kunden zu informieren und sein Vertrauen zu gewinnen, ist es der Kunde selbst, der zu dem Schluss kommt: „Sagen Sie mal, Herr Hönle, ist ein persönliches Treffen jetzt überhaupt noch notwendig?"

Der Online-Abschluss ähnelt dem persönlichen Abschluss. Denn genauso wie im persönlichen Treffen gehe ich mit dem Kunden online die Antragsfragen und das Beratungsprotokoll durch. Der Kunde kann am Bildschirm alles mit verfolgen, er sieht die entsprechenden Formulare und das Protokoll auf seinem PC.

Am Ende der Online-Beratung können Sie dann entscheiden, ob Sie dem Kunden den fertig ausgefüllten Antrag zumailen, zufaxen oder per Post zuschicken wollen. Fragen Sie den Kunden, wie es ihm am liebsten und welcher Weg der für ihn einfachste und bequemste ist.

! *Stopp, ich hätte da einen Einwand!*

Sie sagten eben, der Online-Abschluss ähnle dem persönlichen Abschluss. Da widerspreche ich. Sie wissen doch selbst, wie wichtig die Körpersprache gerade in der Abschlussphase ist. Ein Verkäufer muss dann auf die nonverbalen Kaufsignale achten. Sie haben ja auch schon selbst darauf hingewiesen, dass die körpersprachliche Dimension bei der Online-Beratung fehlt.

Im Prinzip haben Sie recht, die Körpersprache kann der Online-Berater nicht beurteilen. Umso mehr muss er sich auf die sprachlichen Kaufsignale fokussieren, etwa wenn sich der Kunde nach Vertragskonditionen erkundigt und Fragen stellt, die darauf hinweisen, dass er sich gedanklich mit der Zeit nach dem Kauf beschäftigt.

Trotzdem spielt die Körpersprache auch bei der Online-Beratung eine Rolle. Im realen Gespräch gelten als Kaufsignale: Der Kunde nimmt das Produkt in die Hand und schaut es sich an. Oder er greift zum Vertrag und liest sich eine Passage genau durch. Bei der Online-Beratung gibt es ein quasi-körpersprachliches Gegenstück: „Herr Hönle, können Sie nochmals die Folie mit den Vertragskonditionen einblenden?"

Gut, aber so richtig überzeugt mich das dieses Mal nicht.

Vielleicht lassen sich wiederum die Vorteile der realen Welt mit denen der virtuellen Welt verknüpfen. Wenn der Kunde beispielsweise in Ihrer Nähe wohnt, können Sie doch noch einen persönlichen Termin vereinbaren und beim Kunden vorbeifahren, um sich die Unterschrift abzuholen. Eine Unterschrift bei einem wichtigen Vertragsgegenstand hat ja immer auch eine gewisse Aura, die sich beim virtuellen Online-Treffen nicht ohne Weiteres einstellen will. Der Anlass ist für den Kunden etwas Besonderes – und auch für Sie. Dann ist das persönliche Treffen der richtige Weg, um dem besonderen Anlass einen gebührenden Rahmen zu verleihen.

Doch mit der richtigen Vorbereitung durch die Online-Beratung ist das Produkt bereits verkauft, der Antrag vorausgefüllt, die Gesundheits- und Bonitätsfragen geklärt. Der Verkäufer hat den Abschluss sicher in der Tasche. Dann macht es auch Sinn, gerade bei höher verprovisionierten Produkten die Unterschrift persönlich abzuholen.

Mit Feedbackformularen arbeiten

Nehmen wir an, Sie haben den Auftrag in trockene Tücher gebracht. Auch bei der Online-Beratung ist es dann richtig, die Themen Weiterempfehlung und Referenz anzusprechen. Der Kunde hat abgeschlossen, er ist zufrieden mit Ihnen und Ihrer Dienstleistung oder Ihrem Produkt. Fragen Sie ihn, ob es in seinem Kollegen- oder Bekanntenkreis nicht jemanden gibt, für den Ihre Dienstleistung interessant sein könnte.

Wie Sie an eine Weiterempfehlung gelangen, wissen Sie aus Ihren realen Verkaufsgesprächen. Die Online-Beratung bietet Ihnen zusätzliche Optionen, zum Beispiel das Feedbackformular, das Sie direkt nach dem Beratungsgespräch auf dem Bildschirm Ihres Kunden öffnen. So muss dieser nicht erst eine E-Mail öffnen oder umständlich zu einem Formular auf der

Internetseite navigieren. Er kann bequem am Ende der Beratung das Formular ausfüllen.

Der große Vorteil: Gerade am Ende der Beratung hat der Kunde sehr viele Informationen erhalten. Und das möchte er dem Online-Berater gern zurückzahlen, nach dem Motto: „Du hast mich rundum informiert, dafür möchte ich mich nun revanchieren." Darum: Appellieren Sie jetzt an das soziale Gewissen Ihres Kunden und bitten Sie ihn, für die Internetgemeinde ein kurzes Testimonial zu hinterlassen, damit auch andere Menschen die Beratungsleistung einschätzen und von der Beratung profitieren können. Dann wird Ihr Kunde in den meisten Fällen gleich die Bewertung und Empfehlungen hinterlassen.

Bieten Sie dem Kunden an, dass er seinen Kommentar mit einem Foto versehen kann – das mag eine zusätzliche Motivation für ihn darstellen, Sie über seine Bewertung an User weiterzuempfehlen, die Ihre Homepage besuchen.

Hinweise für Referenzen und Weiterempfehlungen

– Kunden, die sich online beraten lassen, haben mit einiger Wahrscheinlichkeit eine hohe Internetaffinität und sind in zahlreichen sozialen Netzwerken unterwegs. Bitten Sie den Kunden, Sie – zum Beispiel – auf seiner Facebook-Seite zu empfehlen.

– Es gibt zufriedene Kunden, die sich den Text für ein Referenzschreiben vortexten lassen. Bieten Sie dem Kunden an, dass Sie gern den Twitter-Text verfassen können, den er an sein Netzwerk weiterleitet.

Sie sind nun fast am Ende der Online-Beratung angelangt. Und darum wissen Sie jetzt, mit welchem Kunden Sie zu tun haben – ob er zum Beispiel zur internetaffinen Generation gehört oder eher zu der traditionellen Kundenklientel, die das Internet gerade erst als zusätzliche Informations- und Beratungsquelle entdeckt hat. Warum ist dies so wichtig für Sie?

Nun: Wenn Sie zum Beispiel einen Vertreter der Y-Generation, also einen unter-30-jährigen Kunden beraten, der mit dem Netz und den sozialen Netzwerken quasi aufgewachsen ist, gehört es für diesen Kunden wahrscheinlich zu den Selbstverständlichkeiten, Sie nach der gelungenen Beratung bei Facebook und Co. zu empfehlen oder auf Ihrer Homepage ein

Testimonial zu hinterlassen. Sie müssen nicht erst umständlich erläutern, wie dies funktioniert und warum es aus Ihrer Sicht wünschenswert ist.

Gehört der Kunde hingegen zu den älteren Zeitgenossen, zu den Traditionalisten, ist es wahrscheinlich angemessen, ihn auf die Funktionalitäten Ihres Feedbackformulars hinzuweisen und ihm kurz zu erläutern, worauf er beim Ausfüllen besonders achten sollte.

! *Stopp, ich hätte da eine Frage!*

Y-Generation, Traditionalisten – was hat es denn damit auf sich?

Nach der Studie „Mitarbeitermotivation – eine Generationenfrage" des Trainingsunternehmens AchieveGlobal können wir zwischen den folgenden Gruppen differenzieren:

– den Traditionalisten, die vor 1947 geboren sind,

– den Baby Boomern, die das Licht der Welt zwischen 1947 und 1964 erblickt haben,

– der Generation X, zu der die zwischen 1965 und 1980 geborenen Menschen gehören, und

– der Generation Y bzw. den knapp 30-jährigen Millennials.

Klar ist: Aufgrund ihres Geburtsdatums haben die Personen jeweils ein anderes Verhältnis zum Internet. Natürlich dürfen die Studienergebnisse nicht verallgemeinert werden. Konservative Bewahrertypen tummeln sich auch in der Gruppe der Y-Generation, und Leute, die täglich chatten und sich in den sozialen Netzwerken bewegen, gibt es selbst unter den ergrauten Usern. Trotzdem: Gerade bei der Bitte um Testimonials, Weiterempfehlungen und Referenzen ist es richtig, wenn der Online-Berater die Generationenzugehörigkeit berücksichtigt.

Achte Phase: Die Verabschiedung – auch der letzte Eindruck ist entscheidend

Es ist oft die Rede von der Bedeutung des positiven ersten Eindrucks, den man als Berater oder Verkäufer beim Kunden aufbauen sollte. Genauso wichtig jedoch ist es, am Schluss des Kundenkontakts ein Highlight zu setzen, mit dem Sie sich unauslöschlich in das Gedächtnis des Kunden einbrennen – natürlich in einem möglichst positiven und angenehmen Sinn. Sie sollten Ihrer Kreativität keine Grenzen auferlegen und sich einen möglichst emotionalen Schlusspunkt überlegen.

Es ist wie bei einer Rede oder einem Vortrag: Profi-Redner lassen sich für den Schluss etwas Besonderes einfallen. Und setzen wir in das Post Skriptum eines Briefes nicht immer eine nutzenorientierte Information, um die Aufmerksamkeit des Lesers darauf zu lenken?

Selbstverständlich sollten Sie in dieser Gesprächsphase auch – ganz sachlich – fragen, ob es auf Seiten des Kunden noch Gesprächs- oder Informationsbedarf gibt. Wenn der Kunde dann eine Frage stellt, verfügen Sie über einen Anknüpfungspunkt für die nächste Terminvereinbarung: „Auf die Schnelle kann ich Ihnen darauf nicht antworten, aber ich informiere mich. Wann sollen wir die Angelegenheit telefonisch klären?"

Neben der Beantwortung sachlicher Fragen versuchen Sie aber bitte außerdem, den emotionalen Schlusspunkt kundenindividuell auszurichten – dazu ein paar Beispiele:

- Im Laufe des Gesprächs haben Sie festgestellt, dass Sie es mit einem zahlen-, daten- und faktenorientierten Menschen zu tun haben: Sie schreiben auf dem virtuellen Notizblock die wichtigsten Rahmendaten und zeigen dem Kunden nochmals, wie viel Zeit er spart, wie viel Geld er spart, welchen konkreten Nutzen er hat, wenn er mit Ihnen zusammenarbeitet. Die Wahrscheinlichkeit, auf diese Weise sein dominantes Emotionssystem anzusprechen, ist groß.

- Dem dominanten Kunden legen Sie eine entsprechende Folie vor und sagen: „Zum Schluss unseres Gesprächs möchte ich Ihnen die Nutzenaspekte zusammenfassen, die Sie persönlich haben, wenn wir zusammen kommen." Der dominante Kunde muss dabei seinen individuellen Nutzen erkennen können – dazu zählen etwa sein Macht- und sein Image-gewinn.

■ Beim sicherheitsorientierten Kunden argumentieren Sie: „Die Folie mit den Vorteilen unseres Angebots zeigt Ihnen, dass Sie die nächsten Jahre beruhigt schlafen können, weil ...“

Es gibt jedoch eine eher kundentypunabhängige Möglichkeit, sich zum Gesprächsschluss „einen guten Namen" zu machen: Sie bieten dem Kunden online einen unerwarteten Zusatznutzen, mit dem er beim besten Willen nicht gerechnet hat. Als Finanzberater bieten Sie zum Beispiel den Umsonst-Service an, die Freistellungsaufträge des Kunden zu checken und zu prüfen, ob hier Anpassungen vorgenommen werden sollten. Als Versicherungsvermittler können Sie die Überprüfung der Hausratsversicherung offerieren: Ist der Kunde über- oder unterversichert? Bereiten Sie dafür eine Checkliste vor, die Sie dem Kunden am Bildschirm präsentieren. Als Immobilienvermittler schließlich fragen Sie den Kunden, ob die (vereinfachte) Schätzung des Wertes seiner Immobilie für ihn sinnvoll ist.

! *Stopp, ich hätte da einen Einwand!*

Ich sehe dabei eine Gefahr: Der Kunde vermutet, der Online-Berater wolle ihm nun am Schluss „auf die Schnelle noch etwas unterjubeln".

Natürlich gilt es, diesen Eindruck zu vermeiden. Entscheidend ist, dass Sie den Umsonst-Charakter Ihres Zusatzangebots betonen. Notfalls können Sie Ihr gewohntes Terrain verlassen und dem Kunden einen Tipp geben, der mit Ihrem Angebotsbereich nichts zu tun haben muss.

Wie soll das gehen?

Sie sind Finanzberater und haben während der Online-Beratung herausgehört, dass das Hobby Ihres Kunden das Segeln ist. „Ich möchte Ihnen zum Schluss unseres Gesprächs noch eine tolle Website empfehlen, wir können sie uns gemeinsam anschauen, es geht dabei um Ihr Steckenpferd, das Segeln ...“ Oder Sie haben erfahren, dass die Tochter des Kunden demnächst ihren 18. Geburtstag feiert – und empfehlen eine entsprechende Website mit speziellen Partyideen. Diese Tipps stehen also mit Ihrem eigentlichen Anliegen, der Finanzberatung, in keinerlei Zusammenhang.

Bereiten Sie sich darauf vor, dass Ihr Kunde nicht nur mit Ihnen ein Beratungsgespräch führt. Mein Tipp: Verknüpfen Sie diese Überlegung mit einem Schlussakkord, der dem Kunden im Gedächtnis bleibt.

Konkret: Der Kunde hat im Gespräch signalisiert, dass er auch einen Mitbewerber kontaktieren wird. Damit müssen Sie natürlich immer rechnen. Darum sollten Sie in dieser Situation zu dem Kunden sagen: „Lieber Kunde, was wird passieren, wenn der Mitbewerber merkt, dass er Ihnen kein besseres Angebot unterbreiten kann als ich? Er wird wahrscheinlich versuchen, Sie mit Argumenten zu verwirren, die Sie doch noch auf seine Seite ziehen. Dann bitte ich Sie: Sprechen Sie mich nochmals an, damit wir diese Irritationen auflösen können."

Weisen Sie den Kunden also darauf hin, dass Sie gerne bereit sind, dem Kunden bei Fragen, die durch den Kontakt zum Wettbewerber auftauchen, zur Verfügung zu stehen. So stellen Sie auch selbstbewusst klar, dass Sie Ihr Angebot für unwiderstehlich halten – und zwar aus guten Gründen.

Neunte Phase: Bei der Nachbereitung (After Sales) immer wieder neue Impulse setzen

Wie in der realen Beratungswelt und der Offline-Verkäuferwirklichkeit kommt der Nachbereitung auch beim Online-Beratungsgespräch ein enorm hoher Stellenwert zu. Dabei umfasst die Nachbereitung zwei Aspekte:

1. Der Kunde muss weiter betreut werden. Wenn Sie zum Beispiel die Vereinbarung getroffen haben, dass Sie dem Kunden eine Info zusenden oder eine Frage im Nachgang zum Gespräch beantworten sollen, müssen Sie diese Vereinbarung selbstverständlich umgehend einhalten und die entsprechenden Umsetzungsschritte einleiten.

2. Zur Nachbereitung gehört die kritische Analyse, wie die Online-Beratung abgelaufen ist und welche Optimierungsschritte Sie nutzen können, um in Zukunft noch kundenorientierter zu agieren.

Automailresponder nutzen, um den Kontakt zu halten

In der Nachbearbeitungsphase geht es darum, den Kundenkontakt zu professionalisieren. Beim Online-Beratungsgespräch kommt dabei dem Automailresponder eine besondere Bedeutung zu. Ich selbst nutze dafür das Programm CleverReach.

Solche Tools sorgen dafür, dass Sie automatisch eine Antwort-E-Mail versenden, wenn ein bestimmtes Ereignis eintritt. Klassisches Beispiel ist die Abwesenheitsnotiz, die über Ihren Rechner während Ihrer Urlaubszeit an Menschen verschickt wird, die per E-Mail Kontakt mit Ihnen aufnehmen wollen.

Nach der Online-Beratung nehmen Sie den Namen des Kunden und seine Mailadresse in das System auf. Er erhält dann automatisch an den nächsten Tagen vordefinierte, und dennoch personifizierte E-Mails, mit denen Sie immer wieder neue Impulse zu Aspekten setzen können, von denen Sie wissen, dass Sie Ihrem Kunden wichtig sind: nutzenwertige Informationen zu Ihren Produkten und Dienstleistungen, vor allem jedoch zu Inhalten, für die sich Ihr Kunde beruflich oder privat und persönlich interessieren könnte.

Beispiel für einen vordefinierten automatischen E-Mail-Versand

— Am Tag nach der Beratung erhält der Kunde eine E-Mail, in der Sie nachfragen, ob er noch Fragen zu den Inhalten des Beratungsgesprächs hat.

— Drei Tage später haken Sie nach: „... Ihr Antrag ist noch nicht bei uns eingetroffen. Gibt es noch etwas zu klären, kann ich Ihnen weiterhelfen, muss am Angebot etwas verändert werden?"

— Fünf Tage später erhält der Kunde, wie im Beratungsgespräch vereinbart, Ihren Newsletter mit informativen Infos.

— Zehn Tage nach dem Online-Kontakt fragen Sie nach: „Was ist passiert, was ist im Kontakt zwischen uns nicht richtig gelaufen, warum melden Sie sich nicht mehr ...?"

Der große Vorteil: Sie automatisieren die Kundenkommunikation und gehen dennoch sehr persönlich und kundenindividuell vor. Das soll Sie natürlich nicht davon abhalten, mit einer eigens für den Kunden verfassten E-Mail

Kontakt aufzunehmen oder den Kunden anzurufen. Bedenken Sie aber: Ein Automailresponder nimmt Ihnen viel Arbeit ab – und hilft, Kosten zu senken. Ich habe früher eine 400-Euro-Kraft für die Versendung dieser E-Mails in der Nachbereitungsphase beschäftigt. Jetzt bezahle ich für das entsprechende Programm 50 Euro im Monat.

Das Online-Verkaufsgespräch nachbereiten

Eine gute Nachbereitung beginnt bereits während des Online-Kundenkontakts oder kurz danach: Indem Sie vielleicht sogar schon während des Kundengesprächs Notizen anfertigen, erarbeiten Sie sich die Grundlage für eine ausführliche Auswertung, die das Ziel hat, Schwachpunkte zu erkennen, Optimierungspotenziale zu nutzen und Stärken weiter auszubauen.

Zum Standardrepertoire der professionellen Nachbereitung gehört der Fachaspekt, bei dem Sie den Gesprächsverlauf analysieren:

■ Welche Aspekte wurden angesprochen?

■ Welche Gesprächsergebnisse wurden erzielt?

■ Welche Aktivitäten müssen nach dem Gespräch angegangen werden?

■ Sind die Gesprächsziele erreicht worden?

Diese Analyse ist unerlässlich und sollte auch – oder gerade – dann erfolgen, wenn Ihr Kunde nicht abgeschlossen und nichts gekauft hat. In diesem Fall suchen Sie nach den Gründen, die die Kaufentscheidung be- und verhindert haben.

Diese Gründe können auch auf der Beziehungsebene liegen. Jeder Kundenkontakt hat neben dem fachlichen einen beziehungsorientierten Aspekt. Untersuchen Sie, wie das Gespräch auf der Beziehungsebene abgelaufen ist, analysieren Sie das Kundenverhalten:

■ Ist es gelungen, in der Eröffnungsphase einen „guten Draht" zum Kunden aufzubauen?

■ Bei welchen Argumenten und Gesprächsinhalten hat er eher zögerlich oder abwehrend reagiert?

■ Um welchen Kundentypus handelt es sich?

■ Welche Online-spezifischen Instrumente, die Sie eingesetzt haben (etwa Folien, virtueller Notizblock, Feedbackformular), sind von dem Kunden besonders gut aufgenommen worden, welche besonders schlecht?

Vergessen Sie nicht den Strategieaspekt: Jede Online-Beratung, jedes Kundengespräch bietet Ihnen Möglichkeiten, die allgemeine Gesprächsstrategie zu überprüfen und Korrekturen vorzunehmen. Wenn Sie die Strategieentwicklung zum festen Bestandteil der Nachbereitung macht, setzen Sie einen kontinuierlichen Verbesserungsprozess in Gang.

Am besten, Sie legen dazu die einzelnen Gesprächsphasen unter die kritische Lupe und fragen sich jedes Mal: „Was kann verbessert werden? An welchen konkreten Stellen kann die Beratung optimiert werden?"

Hilfreich sind die folgenden beispielhaften Fragen:

■ Phase „Begrüßung": War die Begrüßung geeignet, das Herz des Kunden zu öffnen und ihn emotional zu berühren?

■ Phase „Interesse wecken": Welcher interessante Gesprächsaufhänger kann beim nächsten Gespräch mit dem Kunden gewählt werden?

■ Phase „Kundenwünsche feststellen": Welche Fragen haben geholfen, die „Welt des Kunden" zu betreten und Näheres über seine Wünsche zu erfahren?

■ Phase „Lösungsmöglichkeiten präsentieren": Welche Folien waren besonders gut geeignet, den Kunden zu überzeugen? Welche Folien müssen unbedingt überarbeitet werden?

■ Phase „Einwandbehandlung": Konnten Einwände von Vorwänden unterschieden werden? Welche Fragen haben geholfen, die Einwände auszuleuchten und nähere Informationen zu ihnen zu erhalten? Wie ist die Preisverhandlung abgelaufen?

■ Phase „Abschluss und Weiterempfehlung": Wie ist das Feedbackformular vom Kunden angenommen worden?

! *Stopp, ich hätte da eine Frage!*

Sollte der Online-Berater nicht auch prüfen, ob er an seinen Verhaltensweisen etwas ändern muss?

Ja, der selbstkritische Blick in den Spiegel darf nicht fehlen. Dabei untersucht der Online-Berater insbesondere, wie er in kritischen und stressigen Gesprächssituationen reagiert hat und ob es ihm gelungen ist, das Emotionssystem des Kunden anzusprechen und Vertrauen aufzubauen. Welche Verhaltensstärken und -schwächen hat das Gespräch zum Vorschein gebracht, und zwar bezogen auf seine Fach-, Methoden-, Beziehungs- und Kommunikationskompetenz? Auch das muss er selbstkritisch analysieren.

Zehnte Phase: Cross Selling mit Webinaren

Entscheidend für Ihren geschäftlichen Erfolg ist, dass Ihre Kunden nicht nur einen Vertrag bei Ihnen haben. Untersuchungen haben ergeben, dass Kunden mit einer niedrigeren Vertragsdichte deutlich untreuer sind. Wenn es Ihnen also gelingt, durch Cross Selling die Vertragsdichte zu erhöhen, stärken Sie zugleich die Kundenbindung. Außerdem haben Ihnen bestehende Kunden bereits das Vertrauen geschenkt. Warum sollten sie es dann nicht auch für weitere Produkte tun?

Deshalb steht am Ende des Beratungs- und Verkaufsprozesses das Cross Selling. Stellen Sie sich vor, Sie möchten Ihre Bestandskunden zum Thema „Pflegeversicherung" informieren:

- Entweder Sie schreiben jetzt die entsprechenden Kunden an. Doch dies hat meist wenig Wirkung.

- Oder Sie lassen Ihre Kunden von Ihrem Sekretariat oder einem Callcenter durchtelefonieren. Das ist sehr aufwändig.

- Oder Sie besuchen die Kunden nacheinander. Doch dies schafft fast keiner im Tagesgeschäft.

Webinar veranstalten

Warum veranstalten Sie für Ihre Online-Kunden nicht ein Webinar? Laden Sie zehn Kunden für den nächsten Donnerstagabend um 19 Uhr zu einem Webinar zum Thema „Pflegeversicherung" ein. Informieren Sie zum Beispiel jeweils zehn Kunden, die dann an dem maximal zehnminütigen Webinar per Telefon und Bildschirmübertragung teilnehmen. Sie treten als Moderator auf – vielleicht können Sie einen Experten zum Thema „Pflege und Pflegeversicherung" hinzu bitten, um den Verkaufscharakter des Webinars möglichst gering zu halten.

Machen Sie Ihre Kunden auf das Thema aufmerksam und neugierig. Nach den zehn Minuten bieten Sie den Zuhörern an, für weitere Informationen einen Termin in Ihrem Online-Terminkalender zu vereinbaren. Öffnen Sie den Terminkalender gleich auf dem Bildschirm Ihres Kunden. So informieren Sie Ihre Kunden effizient und wissen danach, welche Kunden wirklich Interesse an dem Thema haben.

Führen Sie einen Kompetenz-Check durch

Regeln sind auch dazu da, um durchbrochen zu werden. In der Regel finden Sie am Ende eines Kapitels ein Fazit – dieses Mal jedoch bitte ich Sie, bezogen auf die zehn Online-Gesprächsphasen einen Kompetenz-Check durchzuführen.

Dabei liegt der Schwerpunkt auf den Online-Kompetenzen, also den Fähigkeiten, die Sie speziell für die Durchführung einer Online-Beratung benötigen. Denn ich gehe davon aus, dass Sie die Fähigkeiten, die auch schon in der alten Verkäuferwelt erfolgsentscheidend waren, ohnehin regelmäßig überprüfen.

Nutzen Sie die folgende Checkliste, um Ihren Kompetenz-Istzustand mit dem Kompetenz-Sollzustand abzugleichen: Welche Fähigkeiten brauchen Sie in welchem Ausprägungsgrad, um Ihre Online-Beratungen erfolgreich durchzuführen, und zwar in jeder der zehn Phasen? Und: Welche Weiterbildungsmaßnahmen und Veränderungsprozesse helfen Ihnen dabei, sich dem Kompetenz-Sollzustand zu nähern?

→ Fazit

Tabelle 1   Checkliste für den Kompetenz-Check

Gesprächsphase	Beschreibung / Kompetenz-Soll	Beschreibung / Kompetenz-Ist	Kompetenzlücke schließen durch
Kennenlernen, Begrüßung, Vorstellung			
Interesse wecken, Bedarf und Problem feststellen			
Vorqualifizierung			
Vorabschluss			
Lösungsmöglichkeiten präsentieren			
Einwände bearbeiten			
Abschluss, Weiterempfehlung, Referenzen			
Verabschiedung			
Nachbereitung			
Cross Selling			

Schritt 4: Nutzen Sie für Ihre professionelle Online-Beratung einen detaillierten Gesprächsleitfaden

✓ **Was Sie jetzt erfahren**

- Sie lesen anhand eines konkreten Beispiels aus dem Bereich der Baufinanzierung, wie Sie ein Online-Beratungsgespräch durchführen.
- Eine wichtige Rolle spielen dabei die Präsentationsfolien. Darum sollen – wo immer möglich – Folien illustrieren, wie Sie Ihr Beratungsgespräch spannend, informativ und emotional gestalten können.

Das Beispiel „Baufinanzierung"

Vor allem in Schritt 3 habe ich Ihnen dargestellt, wie Sie die zehn Phasen einer Online-Beratung „von Mensch zu Mensch" gestalten können. Nun geht es darum, sehr konkret zu beschreiben, wie Sie als „Baufinanzierungsmanager" oder „Baufinanzierungsvermittler" einen Kunden kundenorientiert beraten.

Selbstverständlich ist es notwendig, das Vorgehen des Baufinanzierungsvermittlers, das Sie in dem Beispiel kennenlernen, auf Ihren Beratungsbereich zu übertragen. Leider sind wir uns bisher nicht persönlich begegnet – und darum weiß ich nicht, ob Sie Immobilien verkaufen, Versicherungen vermitteln, Baufinanzierungen betreuen oder als Verkäufer anderer Produkte und Dienstleistungen unterwegs sind.

Mein Vorschlag ist darum: Notieren Sie sich bereits während der Lektüre der nächsten Seiten, welche Aspekte der Online-Beratung im Rahmen der Baufinanzierung Sie auf Ihr Metier, Ihren Bereich und Ihre Zielgruppe übertragen können – und natürlich vor allem, wo Veränderungen notwendig sind.

Die eine oder andere Folie werden Sie von der Struktur her gewiss übernehmen können. In der Regel jedoch müssen Sie Anpassungen vornehmen. Notieren Sie Ihre Ideen dazu direkt auf Ihrem – dieses Mal realen – Notizblock.

Grundsätzlich gilt, dass Ihr Bildschirm den Aufbau haben sollte, den die **Abbildung 13** zeigt.

Abbildung 13   Der Aufbau Ihres PC-Bildschirms während der Online-
                     Beratung

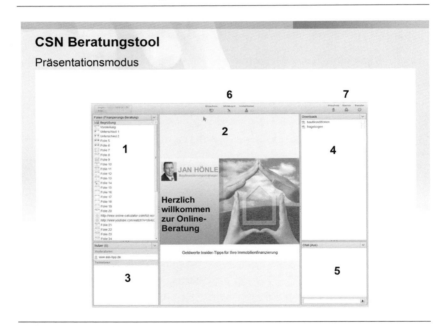

Der Bildschirm hat also sieben Bereiche, und zwar:

■ Bereich 1 – Folienübersicht: Die Folien können umbenannt werden. Wenn Sie mit der Maus über eine Folie fahren, wird ein Miniaturbild angezeigt.

- Bereich 2 – Kundenbildschirm: Hier sehen Sie die Folien, die auch der Kunde sieht. Hier können Sie mit der Maus oder dem Stift zeichnen.

- Bereich 3 – Teilnehmerübersicht

- Bereich 4 – Downloadbereich: Hier können Sie während der Präsentation Downloads für den Kunden freischalten, wie zum Beispiel Prospekte oder ein Video.

- Bereich 5 – Chatfunktion: Ich empfehle, diese Funktion während der Präsentation auszuschalten.

- Bereich 6 – Bildschirm: Hier können Sie Ihren Bildschirm zur Ansicht freischalten. Das Whiteboard dient dazu, die Stiftfarbe zu ändern oder geschriebenen Text auszuradieren. In diesem Bereich ist auch Ihre Visitenkarte platziert.

- Bereich 7 – Beenden der Präsentation.

Der Gesprächsverlauf einer Beratung zum Thema „Baufinanzierung"

Ihr Kunde und Sie sitzen vor den jeweiligen PCs – der Kunde hat zunächst einmal Ihre Internetseite aufgerufen. Nun leiten Sie ihn zu seiner „Persönlichen Beratung". Dazu klickt der Kunde auf den entsprechenden Button, der sich – so handhabe ich es – unter meinem Kinn befindet.

Vielleicht fragen Sie sich, warum ich den Button unter meinem Kinn platziere (vgl. **Abbildung 14**). Das ist eine der zahlreichen Möglichkeiten, von Anfang an nach und nach eine persönlich und emotional gefärbte Beziehung zum Kunden aufzubauen. Meine Absicht: Der Kunde verknüpft mein Gesicht, mein Kinn mit dem Terminus „Persönliche Beratung". Die Anonymität wird aufgehoben oder zumindest gemildert, ich gewinne in der subjektiven Wahrnehmung des Kunden an Kontur, ich erhalte ein Gesicht, der Kunde gewinnt eine Vorstellung von meiner Person. Der Kunde hört mich sprechen, er sieht mich auf dem Bildschirm, ja, er fasst mich in einem übertragenen Sinn sogar an meinem Kinn an.

Abbildung 14   Über das Kinn zur persönlichen Beratung

Aber vielleicht ist es Ihnen lieber, wenn Sie ein Ganzkörperbild auf dem Bildschirm präsentieren und den Button „Persönliche Beratung" in Handhöhe platzieren: In einem symbolischen Sinn geben sich der Kunde und Sie die Hand.

Dann betreten Sie gemeinsam mit dem Kunden das virtuelle Online-Büro. Nach der Eingabe seines Namens sieht der Kunde eine Begrüßungsfolie – und jetzt bitte ich Sie, ein wenig in diesem Buch zu blättern, und zwar zu **Abbildung 9**. Denn dort finden Sie ein Beispiel für eine Begrüßungsfolie, die Sie für die Beratung für die Immobilienfinanzierung verwenden können.

Natürlich sollte gerade diese Folie – wie auch alle anderen – anschaulich gestaltet sein. Aber Achtung: Die Folie darf nicht das Gespräch dominieren. Die Folien stehen *nicht* im Mittelpunkt des Beratungsgesprächs. Denn es ist kontraproduktiv, wenn der Kunde angesichts der tollen Gestaltung der Folie seine Aufmerksamkeit eher diesem ästhetischen Aspekt widmet.

Nein: Sie laden den Kunden zur Online-Beratung ein, Sie lenken und steuern das Gespräch – nicht die Folien. Die Folien dienen der Illustration des gesprochenen Wortes, sie dienen der Visualisierung des Gesagten, sie verlebendigen das Gespräch. Kurz: Die Folien haben eine dienende Funktion.

Mit anderen Worten: Nicht Sie präsentieren die Folien, sondern die Folien präsentieren Sie und Ihre Fachexpertise, sie untermalen Ihr Beratungsgespräch und belegen Ihre Kompetenz.

Abbildung 15   Gemeinsamkeiten und Vertrauen herstellen

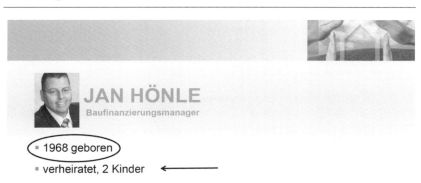

Der Kunde sieht mit Blick auf **Abbildung 15** sofort unsere Gemeinsamkeiten: Er ist zum Beispiel im selben Alter wie ich, hat auch zwei Kinder. Ein Gespräch über gemeinsame Hobbys kann zustande kommen. Und natürlich stellen Sie die entsprechenden Fragen: „Sind Sie auch verheiratet, Herr Kunde? ... Wie alt sind denn Ihre Töchter? ... Ach, Ihre Älteste steht gerade im Abitur?"

Zudem belegen Sie Ihre Expertise im Finanzierungsbereich und nennen Zahlen, etwa die Finanzierungssumme, die Sie jährlich betreuen, oder die Anzahl der Personen, denen Sie in den Jahren Ihrer selbstständigen Tätigkeit helfen konnten.

Sie betonen beispielsweise Ihren freien und unabhängigen Status und dass der Kunde unter den besten Finanzierungspartnern auswählen kann. Vergessen Sie hier bitte nicht das Prinzip: „Wenn der Kunde schnarcht, dann ist es zu spät." Fesseln Sie die Aufmerksamkeit des Kunden, halten Sie seine Aufmerksamkeitsspanne hoch, indem Sie die Aspekte, die Sie gerade besprechen, mit Ihrem Notizstift umkreisen, umkringeln oder unterstreichen.

Kurz: Sorgen Sie dafür, dass auf der Folie „Action" herrscht.

! Stopp, ich hätte da einen Einwand!

Also, mich würde die viele Malerei ein wenig stören. Und ich würde auch nicht allzu viel Privates von mir erzählen wollen.

In meinen Seminaren und Workshops entbrennt immer wieder die Diskussion, wie weit man mit der Malerei gehen und welche persönlichen Informationen ein Berater von sich preis geben sollte. Meine klare Antwort: Es kommt auf den Kunden an! Wenn Sie mit einem redseligen Kunden zu tun haben, dem der persönliche Beziehungsaufbau am Herzen liegt, dürfen Sie ruhig etwas aktiver malen und intensiver auf Ihr Hobby eingehen. Beim sachlich orientierten und verschlossenen Gesprächspartner hingegen ist es wohl klüger, sich zurückzuhalten und zu mäßigen.

Zudem empfehle ich Ihnen, an dieser wichtigen Stelle, an der sich entscheidet, ob der Vertrauensaufbau gelingt, eine Formulierung zu verwenden wie etwa:

„Ich verhelfe vielen Menschen zu einer guten und günstigen Finanzierung. Wollen wir doch einmal sehen, ob wir das bei Ihnen auch hinbekommen."

Solche Formulierungen bauen Vertrauen auf und verdeutlichen dem Kunden zugleich Ihre Abschlussorientierung. Der Kunde spürt: „Es geht nicht um eine allgemein-unverbindliche Beratung, sondern darum, einen sehr konkreten und zielorientierten Weg zu finden, mein Bauvorgaben zu finanzieren."

Abbildung 16   Auswahl des richtigen Finanzierungspartners

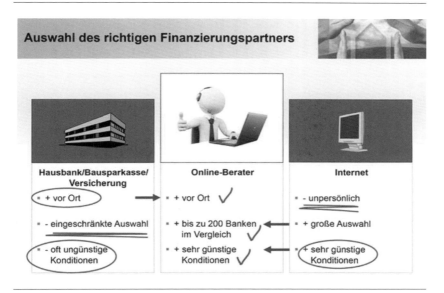

Eine ähnliche Abbildung haben Sie schon in Schritt 1 (**Abbildung 3**) kennen gelernt. Mit der Folie zeigen Sie dem Kunden, welche verschiedenen Möglichkeiten der Finanzierung es gibt, die allesamt über ihre spezifischen Eigenheiten und Vor- und Nachteile verfügen. Ein Praxistipp dazu: Loben Sie den Wettbewerber, anerkennen Sie die Leistungen der Hausbank. Überlassen Sie es anderen, den Wettbewerber an dieser Stelle schlecht zu machen. Ihr Kunde wird es Ihnen danken: „Endlich ein Berater, der sich nicht auf Kosten der Konkurrenz zu profilieren versucht!"

Der Clou der Folie: Sie präsentieren sich als Berater, der zwar weit weg entfernt vom Kunden vor seinem PC sitzt, sich aber dennoch in der Nähe des Kunden befindet: „Lieber Kunde, ich bin von Ihnen nicht weiter entfernt als der nächste Internetanschluss!" – so das Motto.

Hinzu kommt: Mit der Folie stellen Sie dar,

■ wie Sie die Vorteile der Baufinanzierung über eine Hausbank mit den Vorteilen der Beratung über das Internet miteinander kombinieren und

■ die Nachteile beider Vorgehensweisen reduzieren oder ausschließen.

Sie sitzen quasi beim Kunden im Wohnzimmer, bauen eine persönliche Beziehung auf und können zugleich das Finanzierungsangebot mehrerer Banken präsentieren und dem Kunden günstige Konditionen offerieren. Hier lautet das Leitmotiv: „Das Beste aus zwei Welten!"

Übrigens: Arbeiten Sie nie mit Behauptungen, sondern immer mit Fragen, um Informationen vom Kunden zu erhalten und ihn zu bestimmten Einsichten von selbst gelangen zu lassen – dazu ein Beispiel:

■ Es ist klar, dass der Berater der Hausbank des Kunden immer nur die Angebote aus seinem eigenen Haus darstellen kann.

■ Statt den Kunden aber nun auf diesen Nachteil mit einem Aussagesatz hinzuweisen, fragen Sie: „Hat Ihnen der Berater Ihrer Hausbank denn mehrere Angebote zum Vergleich vorgelegt, zum Beispiel ein Angebot der Sparkasse, der Raiffeisenbank oder der Bank xy?"

■ Natürlich hat er das nicht, das kann er nicht leisten. Das weiß auch Ihr Kunde, aber durch Ihre Frage rufen Sie ihm dies nochmals deutlich ins Bewusstsein. Zugleich weisen Sie so darauf hin, dass Sie selbst mehrere Alternativen in Ihrem Produktportfilo haben.

■ Und jetzt argumentieren Sie: „Dann können Sie ja gar nicht sicher sein, ob Ihnen ein wirklich günstiges Angebot vorliegt."

Spätestens jetzt ist es an der Zeit zu betonen, dass Sie dem Kunden den großen Vorteil bieten, ihn unter mehreren Finanzierungsangeboten auswählen lassen zu können.

Je nach Kundentypus sollten Sie ausführlicher auf die einzelnen Banken und Finanzierungsinstitute eingehen, Informationen zu ihnen geben, die Reputation der Branchenführer für sich nutzen und so das Vertrauensverhältnis stärken. „Und nun wollen wir prüfen, welche dieser Banken eine Finanzierung anbietet, die Ihnen recht ist – und zwar zu den für Sie besten Konditionen. Ist das für Sie so in Ordnung?"

Sie sehen: Sie sollten versuchen, wo immer möglich Fragen zu stellen und Ja-Antworten hervorzurufen und den Kunden in einem positiven Dialog zu halten.

Dazu noch ein Praxistipp: Als Unterstützung dient die Visitenkarte.

Abbildung 17   Mit Visitenkarte Vertrauen stärken

Die Visitenkarte ermöglicht es Ihnen, in der Wahrnehmung des Kunden immer präsent zu sein. Sie sehen: In der Folie ist mein Profil oben rechts eingefügt – es begleitet das Gespräch, ich bin dem Kunden ständig präsent. Auch die Visitenkarte ist ein Mosaiksteinchen, das zum Vertrauensaufbau beiträgt.

Das Präsentationsprogramm der Communication Service Network GmbH (CSN®) bietet einen weiteren Vorteil: Sie können die Visitenkarte ständig Ihren Bedürfnissen anpassen.

Abbildung 18   Bestandsaufnahme vornehmen

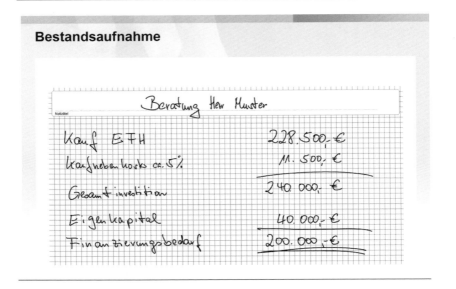

Nun wollen Sie dem Kunden helfen, das für ihn beste Finanzierungsangebot auszusuchen. Dazu nehmen Sie mithilfe des virtuellen Notizblocks eine Bestandsaufnahme der Ist-Situation vor. In **Abbildung 18** wählen wir als einfaches Beispiel einen Kunden, der ein Einfamilienhaus kaufen will und dabei einen Finanzierungsbedarf von 240.000 Euro hat. Ihm steht ein Eigenkapital von 40.000 Euro zur Verfügung – es geht also um die Finanzierung einer Darlehenssumme von 200.000 Euro.

Jetzt müssen Sie gemeinsam mit dem Kunden die Bonität prüfen und zum Beispiel feststellen, welches Nettoeinkommen verfügbar ist und welche Ausgaben dem gegenüberstehen.

Achtung: An dieser Stelle könnten Sie eventuell zu dem Schluss gelangen, dass die Beratung sinnlos ist, weil der Kunde die Voraussetzungen für das Produkt, also die Baufinanzierung, nicht erfüllt: Sein Einkommen ist viel zu niedrig oder die Ausgaben sind zu hoch. Es ist für beide Beteiligten besser, dies jetzt und frühzeitig festzustellen – und nicht erst am Ende der Beratung.

Die **Abbildung 19** zeigt: Im Beispielfall handelt es sich um 3.000 Euro Einkommen.

Abbildung 19   Bonität prüfen

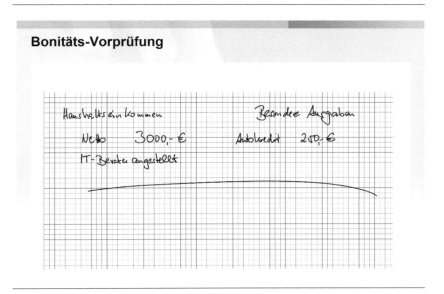

Natürlich stellen Sie bei der Bestandsaufnahme und der Bonitätsprüfung immer wieder Fragen und versichern sich, ob Sie die Angaben des Kunden richtig verstanden haben und er dieselben Werte errechnet hat wie Sie selbst.

Für unser Beispiel haben wir einfache und klare Zahlen gewählt. Bedenken Sie jedoch: Je nach Kunde können die Bestandsaufnahme und die Bonitätsprüfung eine recht komplexe und komplizierte Angelegenheit darstellen. „Übung macht den Meister" – das gilt auch hier. Wenn Sie fit sind im Kopfrechnen, ist dies gewiss kein Nachteil.

Abbildung 20   Kundenbedingungen feststellen und Vorabschlussfrage
stellen

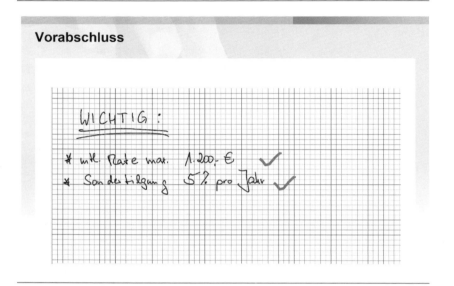

Der nächste Schritt besteht darin, unter der Überschrift „Wichtig" die Prioritäten des Kunden festzustellen (vgl. **Abbildung 20**). Eine der Bedingungen, die der Kunde stellt: Die monatliche Belastung durch das Darlehen darf 1.200 Euro nicht überschreiten. Und: Es sollen Sondertilgungsmöglichkeiten mit dabei sein – nämlich 5 Prozent.

Ihre Aufgabe ist es, die Angaben kritisch zu hinterfragen und zu überprüfen, ob die Zahlen realistisch sind und zum Beispiel die jährliche Sondertilgung kontinuierlich möglich ist.

Und wiederum ein Praxistipp: Achten Sie strikt darauf, möglichst konkrete Angaben zu erhalten. Wenn die Antworten des Kunden nicht spezifisch genug sind, fragen Sie beharrlich nach – ein Beispiel: Der Kunde wünscht einen „günstigen Zins". Fragen Sie nach: „Was bedeutet für Sie ein günstiger Zins, wie günstig muss mein Angebot sein, damit Sie zufrieden sind?" Sie haken also so lange nach, bis der Kunde eine konkrete Zahl nennt. Der Vorteil: Am Ende des Beratungsgesprächs können Sie diese Zahl mit dem Ergebnis vergleichen. Liegen Sie darunter, winkt der Abschluss.

Ist all dies geklärt, stellen Sie die folgende Frage:

■ „Gut, lieber Kunde, wenn wir es schaffen, eine Finanzierung zu finden,

■ die eine monatliche Ratenzahlung von 1.200 Euro nicht übersteigt und

■ jährliche Sondertilgungen in der von Ihnen genannten Höhe umfasst sowie

■ Ihre anderen Bedingungen erfüllt:

■ Kommen wir dann zusammen? Möchten Sie die Finanzierung über mich laufen lassen?"

Sie sehen: Wir sind in der extrem wichtigen Phase des Vorabschlusses angelangt. Lassen Sie sich auf keinen Fall aus Angst vor dem Kunden-Nein davon abhalten, die Vorabschlussfrage zu stellen.

Übrigens: Wenn Sie zum Gesprächsschluss auf den Abschluss zusteuern und das Angebot erstellen möchten, können Sie die in **Abbildung 20** dargestellte Folie nochmals zum Einsatz bringen und anmerken: „Wir haben nun eine Baufinanzierung gefunden, die alle Ihre Bedingungen erfüllt: Wollen wir den Antrag für die Finanzierung gemeinsam ausfüllen?"

Doch noch sind wir nicht so weit.

Ihre Kunden werden sich bezüglich Ihres Themas, der Baufinanzierung, auf einem sehr unterschiedlichen Wissensstand befinden. Wenn Sie merken, dass sich ein Kunde mit der Materie nicht so gut auskennt, rufen Sie die Folie auf, die Sie in **Abbildung 21** finden, und vertiefen dann dasjenige Thema, bei dem der Kunde ein Informationsbedürfnis hat. Sie stellen also die in der Folie genannten Fragen wie „Wissen Sie, was ein Annuitätendarlehen ist?" oder „Kennen Sie die verschiedenen Fördermöglichkeiten, die Sie vielleicht in Anspruch nehmen können?" und gehen gegebenenfalls ausführlich darauf ein.

Abbildung 21   Baufinanzierung – Ein Buch mit 7 Siegeln?

Nummerieren Sie die Folien daher auf keinen Fall durch. So sind Sie in der Festlegung der Reihenfolge der Folien frei und flexibel und können individuell auf den Kunden eingehen, wobei dieser nicht bemerkt, wenn Sie die eine oder andere Folie überblättern. Dies könnte ihn stutzig und misstrauisch werden lassen: „Will der Berater mir Informationen vorenthalten?" Er kann nicht wissen, dass Sie Folien deshalb nicht aufrufen, weil sie für den Kunden keinen Nutzen haben.

Darum also: Folien nicht durchnummerieren! Denn nicht die Folien bestimmen den Inhalt, sondern Sie als Online-Berater legen fest, welche Folien aufgerufen werden – Sie lenken und steuern den Gesprächsverlauf kundenindividuell.

Nehmen wir an, Sie wollen dem Kunden den Unterschied zwischen dem Annuitätendarlehen und dem Festdarlehen erläutern. Dann nutzen Sie die folgende Folie:

Abbildung 22   Annuitätendarlehen und Festdarlehen darstellen

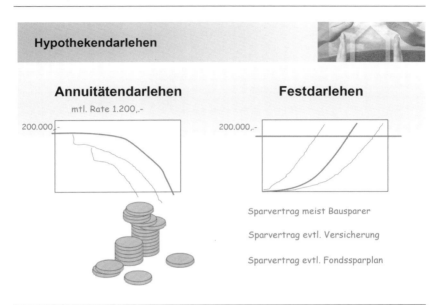

Sie können mit Ihrem Notizstift beim Annuitätendarlehen die individuellen Kundendaten eintragen: also etwa die monatliche Rate, die Darlehenssumme und die Auswirkungen der Sondertilgungen. Danach erläutern Sie dem Kunden die Vorteile dieser Darlehensart und entwickeln gemeinsam mit ihm die entsprechende Zeichnung, also in der **Abbildung 22** die Darstellung links. Sie arbeiten mit Formulierungen wie „Diese Folie veranschaulicht Ihnen, warum ..." und „Sollen wir uns das näher anschauen? Dann zeige ich Ihnen jetzt außerdem noch, wie ..."

Auch beim Festdarlehen (in der Abbildung rechts) erläutern Sie dem Kunden die Auswirkungen bezogen auf seine individuellen Daten und erklären zum Beispiel die Bedeutung der unterschiedlichen Höhe der Verzinsung und die Möglichkeit der Finanzierung über einen Bausparvertrag.

Schließlich stellen Sie die Frage: „Lieber Kunde, was sollen wir uns nun näher anschauen – das Annuitätendarlehen oder das Festdarlehen?" So gut wie immer entscheidet sich der Kunde für das Annuitätendarlehen – es ist nun einmal die für ihn günstigste Finanzierungsoption.

Im nächsten Beratungsschritt geht es um die Frage, welche Zinsstrategie die richtige ist. Dazu erinnere ich an die Ausführungen in Kapitel 0 dieses Buches. Ihr Ziel ist es, dem Kunden die Alternativen der Zinsbindung darzustellen und gemeinsam mit ihm die für ihn richtige Zinsstrategie auszuwählen. Sie schildern also die Entwicklung der Zinsen in den letzten Jahrzehnten, stellen dem Kunden die Vor- und Nachteile der langfristigen und der kurzfristigen Zinsbindung dar und entwickeln die optimale auf den Kunden abgestimmte Lösung.

Abbildung 23   „Wer streut, der rutscht nicht aus"

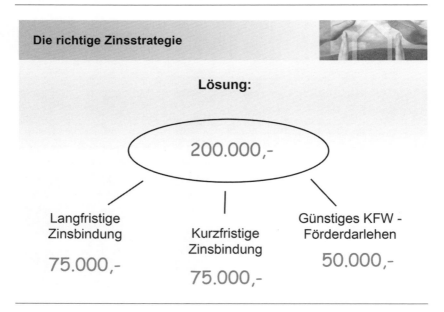

Abbildung 23 zeigt die Lösung für einen Kunden, der sich nach dem Motto „Wer streut, der rutscht nicht aus" dafür entschieden hat, die Finanzierung auf mehrere Beine zu stellen:

■ Er finanziert 75.000 Euro über eine langfristige Zinsbindung,

■ noch einmal 75.000 Euro über eine flexible kurzfristige Zinsbindung und

■ 50.000 über ein Förderdarlehen.

Entscheidend ist, den jeweiligen Kundentypus zu berücksichtigen. Der sicherheitsorientierte Kunde wird die langfristige, der risikofreudige und chancenorientierte Kunde hingegen die kurzfristige Zinsbindung bevorzugen. Die **Abbildung 24** zeigt die Lösung für den Kunden, der die Mischfinanzierung favorisiert und die Sicherheits- und die Chancenorientierung gleichermaßen berücksichtigt.

Abbildung 24   Die richtige Zinsstrategie – die Mischung macht's

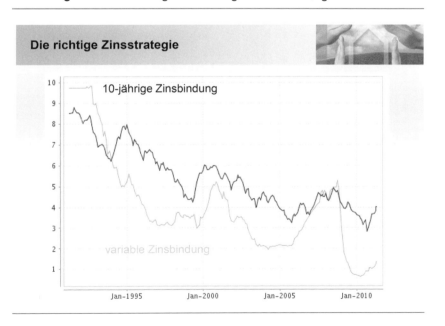

Die Herausforderung für Sie besteht darin, für alle Eventualitäten und Kundentypen gewappnet zu sein und die entsprechenden Folien vorbereitet zu haben.

Eine dieser Eventualitäten ist der Hinweis auf eine Besonderheit, die in Paragraph 489 des Bürgerlichen Gesetzbuches (BGB) geregelt ist. Er besagt, dass der Kunde nach zehn Jahren Laufzeit sein Darlehen jederzeit kündigen kann. Und das ist ein Argument, eine Zinsbindung über 15 Jahre zu wählen. Denn damit erwirbt der Kunde wahrscheinlich einen günstigeren Zinssatz und hat überdies das Recht, auch bei 15-jähriger Zinsbindung nach Ablauf von zehn Jahren das Darlehen jederzeit zu kündigen – also zum Beispiel nach elf, zwölf oder 13 oder auch 14 Jahren.

Abbildung 25   Paragraph 489: Der Kunde hat fünf Jahre lang alle
                        Trümpfe in der Hand

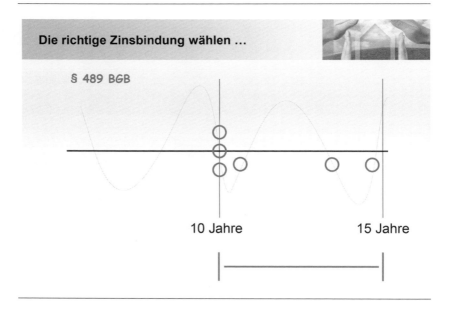

Abbildung 25 zeigt: Der Kunde verfügt über ein Zeitfenster von fünf Jahren, innerhalb derer er quasi jeden Tag entscheiden kann, ob es günstiger ist, das

Darlehen weiter laufen zu lassen oder es zu kündigen. Ihr Kunde hält alle Trümpfe in der Hand, er entscheidet fünf Jahre lang, was das Beste für ihn ist. In aller Regel entscheidet sich der Kunde dann für die 15-jährige Laufzeit seines Darlehens.

Langsam aber sicher streben Sie auf den Abschluss zu. Zuvor möchte ich Ihnen einen Tipp geben, der Ihnen hilft, zum Beispiel in der Einwandphase Bedenken des Kunden zu zerstreuen: Verstärken Sie Ihre Argumente zum Beispiel, indem Sie aus der seriösen Presse zitieren. Angenommen, Ihr Produkt wird in einer Zeitschrift oder einem Magazin positiv erwähnt oder bewertet. Dann ist es jetzt an der Zeit, Ihren Kunden darauf hinzuweisen. Fertigen Sie einen Scan von der Meldung an, in der Ihr Produkt erwähnt wird, und präsentieren Sie es dem Kunden auf seinem Bildschirm.

Suchen Sie sich in der seriösen Presse Meldungen heraus, die Ihre Argumentation unterstützen und die Sie dem Kunden zeigen, um die Glaubwürdigkeit Ihres Angebotes zu erhöhen. Mithilfe des Notizstiftes können Sie Zahlen, Argumente und Belege, auf die Sie zu sprechen kommen, unterstreichen und auf diese Weise die Aufmerksamkeit des Kunden steuern.

Kommen wir zur Angebotsphase:

- Wenn Sie in der Online-Beratung noch nicht über allzu viel Erfahrung verfügen, sollten Sie mit dem Kunden lediglich den Finanzierungsantrag am Bildschirm ausfüllen, die Beratung beenden und in aller Ruhe daheim im Büro das Angebot ausarbeiten. Danach vereinbaren Sie einen Termin, zum Beispiel in zwei Tagen, um mit dem Kunden das Angebot durchzugehen.

- Als erfahrener Online-Berater erstellen Sie das Angebot direkt im Austausch mit dem Kunden. Dazu geben Sie die Kundendaten ein (Finanzierungssumme, Tilgung, monatliche Rate, Laufzeit). Auf dem Bildschirm erscheint eine Liste mit den Banken und Instituten, die für den Kunden als Finanzierungspartner in Frage kommen. Der Kunde sieht „just in time" den jeweiligen Zinssatz der einzelnen Institute.

Das bedeutet: Der Kunde und Sie sprechen bezüglich der einzelnen Finanzinstitute die jeweiligen Konditionen durch – und der Kunde trifft vielleicht jetzt schon seine Entscheidung.

Und dann ist es so weit: Sie erstellen das Angebot. Achten Sie darauf, dass Sie an dieser Stelle des Gesprächs eine gewisse Verbindlichkeit herstellen – etwa indem Sie sagen: „Lieber Kunde, ich binde mich bis zum – hier nennen Sie ein konkretes Datum – an dieses Angebot."

Und selbstverständlich dürfen Sie nicht vergessen, die Empfehlungsthematik anzusprechen, auf das Feedbackformular hinzuweisen und sich vom Kunden zu verabschieden. Dazu haben Sie in Schritt 3 die erforderlichen Informationen und Tipps erhalten.

→ Fazit

Vielleicht haben Sie sich während des Lesens schon eigene Ideen zu „Ihrem" Online-Beratungsgespräch notiert.

Legen Sie jetzt fest, wie Ihr Gesprächsleitfaden strukturiert sein soll und welche Folien Sie entwickeln und erstellen müssen.

Mit dem Smartphone einscannen:
http://www.kokon-strategie.de/videoaufzeichnung
Hier finden Sie eine Videoaufzeichnung zum Beratungsgespräch.

Schritt 5: Internetmarketing – entfalten Sie durch Top-Inhalte auf Ihrer Internetseite eine unwiderstehliche Sogwirkung

✓ **Was Sie jetzt erfahren**

- Sie lesen, wie Sie mit einer qualitativ hochwertigen Internetseite, die Expertenwissen pur bietet, eine Sogwirkung entwickeln und Ihre Kunden auf Ihrer Internetseite halten.

- Wichtig ist, den Kunden mit fesselnden Inhalten zu überzeugen – dabei spielen Videos eine besondere Rolle. Darum erfahren Sie, wie Sie professionelle Videos erstellen.

- Die Inhalte auf Ihrer Website entscheiden darüber, ob der Kunde Sie als Experten wahrnimmt und aus diesem Grund einen Online-Termin mit Ihnen vereinbart.

Ihre Internetseite als Kundenkontaktbörse

In Schritt 3 und 4 haben Sie erfahren, wie Sie Ihre Online-Beratung professionalisieren. Das Kundengespräch am PC und mit dem Telefon bildet das Herzstück Ihrer Arbeit als Online-Berater. Doch klar ist: Ohne Kundenkontakte keine Beratung, ohne Terminvereinbarung keine Beratungserfolge. Die Frage ist also, wie Sie Kunden auf Ihre Homepage ziehen und sie motivieren, über den Online-Terminkalender mit Ihnen einen Termin zu vereinbaren. Dabei spielen Ihre Homepage und Ihre Expertise im Internetmarketing eine wichtige Rolle.

Internetmarketing ist heute Chefsache. Wer in Zukunft erfolgreich sein möchte, kommt an einer authentischen und persönlichen Internetseite, die den Expertenstatus hervorhebt, nicht mehr vorbei. Die Zeit der geschniegel-

ten Visitenkarten-Internetseiten ist längst vorbei. Es genügt heute nicht
mehr, die Internetseitengestaltung irgendeiner Agentur zu überlassen. Die
Aktualisierung der Internetseite gehört heute zu Ihrer täglichen Arbeit.

! *Stopp, ich hätte da einen Einwand!*

*Zum Thema Internetmarketing gibt es aber doch schon eine Vielzahl an
lesenswerten Büchern.*

Ja, und als sehr ambitionierte Bücher nenne ich zum Beispiel „Praxisorientiertes Online-Marketing" von Ralf T. Kreutzer und „Erfolgreiches
Online-Marketing" von Torsten Schwarz. Auch die Werke von Michael
Bernecker und Felix Beilharz kann ich empfehlen. Ich selbst beschränke
mich bei der Darstellung der Themen Internetmarketing und – in Schritt
6 – Netzwerkmarketing auf die Hinweise, die für diejenigen Berater von
besonderem Interesse sind, die auf dem Online-Beratungsmarkt Fuß
fassen wollen. Das heißt: Ich werde Ihnen im Folgenden *nicht* erläutern, wie Sie Ihre Homepage gestalten und Online-PR, Online-Werbung,
Affiliate-Marketing, E-Mail-Marketing und Social-Media-Marketing oder
E-Commerce betreiben. Dazu schauen Sie besser in den Kreutzer. Ich
lege meinen Schwerpunkt auf die Möglichkeiten, über Ihre Homepage
einen Expertenstatus aufzubauen, nach dem Motto: Ein Kranker fühlt
sich beim Spezialisten besser aufgehoben als beim Allgemeinarzt.

Die Kaufenergie anstacheln

Resümieren wir kurz den Stand der Dinge: Ein Kunde ist bei Google oder
YouTube, das mittlerweile zu einem Großteil auch als Suchmaschine genutzt
wird, auf Ihren Namen gestoßen. Sie sind im Bereich der Baufinanzierung
tätig – der Kunde sucht einen Finanzierungspartner für seinen Hausbau.
Und jetzt erkundet er voller Vorfreude Ihre Internetseite. Weil er von Ihrem
Begrüßungs-Podcast begeistert ist, speichert er Sie in seiner Favoritenliste ab
oder markiert Ihre Homepage mit einem Lesezeichen.

Am nächsten Tag sucht er Ihre Website wieder, fragt an, ob Sie ihm Ihr Video zusenden können, in dem Sie die „Zehn wichtigsten Baufinanzierungs-
tipps" erläutern. Er hinterlässt also seine E-Mail-Adresse – Ihre Marketingmühle setzt sich in Gang. Der Kunde findet in seinem elektronischen Post-

eingang eine E-Mail: Seine Anfrage, ihm das Video zuzusenden, ist einge-
troffen. Und jetzt erhält dieser Kunde – natürlich unter der Voraussetzung,
er wünscht dies und ist damit einverstanden – regelmäßig Informationen
von Ihnen: etwa einen Newsletter, einen Coaching-Brief, Checklisten, ein
Podcast, Download-Angebote und so weiter. Der Kunde abonniert den
Newsletter und nimmt Ihr Angebot in Anspruch, sich von Ihnen regelmäßig
Audio- und Videodateien zusenden zu lassen, und zwar direkt auf sein
Smartphone.

Die **Abbildung 26** fasst den Prozess zusammen.

Abbildung 26   Internetmarketing: Kaufenergie steigern

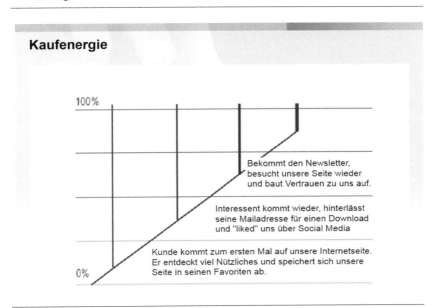

Dann ist es so weit: Mithilfe der nutzenwerten Infos, die Sie dem Kunden
haben zukommen lassen, ist der Vertrauensaufbau gelungen. Er vereinbart
einen Online-Beratungstermin mit Ihnen. Das Beispiel zeigt vor allem:

- Sie brauchen einen langen Atem – ein Kunde benötigt durchschnittlich sieben bis zwölf Kontakte, bis er abschließt. Die meisten Online-Berater wünschen sich natürlich, dass der Besucher der Homepage bereits beim ersten Besuch kauft oder zumindest einen Beratungstermin bucht. Das ist aber die große Ausnahme.

- Es sind die hochwertigen Inhalte, die ihn bewegen, Vertrauen aufzubauen und immer wieder Ihre Internetseite aufzusuchen. Er akzeptiert Sie als Experten und vertraut Ihrem Rat – bis er sich dazu entschließt, nun auch persönlich mit Ihnen Kontakt aufzunehmen und sich von Ihnen beraten zu lassen.

Für den langen Atem können Sie sorgen, indem Sie mit Hartnäckigkeit, Herzlichkeit und Internetmarketing-Know-how dem Kunden immer wieder auffordern und die Möglichkeit geben, Ihre Expertise zu nutzen. Und die hochwertigen Inhalte entwickeln Sie, indem Sie die folgenden Tipps verwirklichen.

Mit Qualitätsinhalten Expertenstatus aufbauen und belegen

Natürlich sollte Ihre Internetseite gut aussehen, aber das ist nur zweitrangig. Irgendwelche bewegten, grell-übertriebenen Animationen gehören meiner Meinung nach nicht auf eine Internetseite. Und schon gar nicht, wenn die Internetseite Ihren Expertenstatus festigen und Kunden generieren soll. Qualität schlägt Ästhetik, Inhalt geht vor Form.

Doch leider steht bei vielen Internetseiten die Optik und weniger der Informationsgehalt im Vordergrund. Doch wenn der Besucher die Werthaltigkeit Ihrer Informationen nicht auf den ersten Blick erkennen kann, hat Ihre Internetseite bereits verloren.

Überprüfen Sie sich und Ihr Nutzerverhalten im Internet doch einmal selbst: Warum besuchen Sie eine bestimmte Internetseite immer wieder? Weil sie Sie ästhetisch überzeugt und Ihren Sehsinn zu Jubelstürmen hinreißt? Oder weil sie nützliche Informationen bietet, die Ihnen weiterhelfen und das Problem lösen, das Ihnen auf den Nägeln brennt?

Herman Scherer drückt dies so aus: „Die primäre Funktion Ihrer Website ist das Verkaufen. Schaffen Sie deshalb kein Kunstwerk, sondern ein Tool, das diese Funktion perfekt erfüllt." Die Funktion Ihrer Website ist es, Online-Beratungstermine zu generieren. Und darum sind die Inhalte so wichtig, um Sie als Experten zu positionieren, zu dem die Kunden ein derart großes Vertrauen fassen, dass sie sich unbedingt von Ihnen beraten lassen wollen – und von niemand anderem.

Mit Insider-Wissen Kunden überzeugen: „Erst geben, dann nehmen"

Aus meiner Sicht ist es am besten, wenn Sie Ihre Inhalte so gestalten, dass der Kunde immer einen Nutzen hat, der größer ist als der Aufwand, den er betreiben muss, um Ihre Homepage durch zu sehen.

Natürlich können Sie Ihr Begrüßungs-Podcast – also Ihr kurzes Begrüßungs-Video – so aufbauen, dass Sie den Kunden herzlich willkommen heißen und sich kurz vorstellen und Ihren Expertenstatus benennen. Wie aber kommt es beim Kunden wohl an, wenn Sie jetzt sofort diesen Expertenstatus auch belegen, indem Sie ihm im einen werthaltigen Tipp geben? Und das gleich in den ersten Sekunden des Podcast: „Lieber Interessent, bevor ich mich vorstelle, ein Tipp aus der Wissens-Schatzkiste der Baufinanzierung: ..."

Und jetzt können Sie ein Buch zu Ihrem Thema empfehlen, eine Internetseite nennen oder bereits sehr konkret einen Baufinanzierungstipp geben. Das kann der Hinweis auf eine Gesetzesänderung sein, die für Ihre Kunden von Bedeutung ist. Zumindest aber sollten Sie in dem Begrüßungs-Podcast darstellen, inwiefern der Kunde von Ihrer Homepage profitieren kann.

Entscheidend ist: Im Internet zählt das Motto „Erst geben, dann nehmen" oder auch „Geben ist seliger als Nehmen." Wer bereit ist, in Form von Wissensweitergabe einen Vorschuss zu zahlen, wird eine hohe Rendite einfahren: Menschen, die es gut finden und es belohnen, wenn Sie ihnen einen Nutzen bereits dann stiften, wenn sie noch gar nicht Kunden bei Ihnen sind.

Im Internet finden sich zu den verschiedensten Themen tolle und außergewöhnliche Beispiele für jenen Vorab-Nutzen. Eine Stil- und Farberaterin etwa, gelernte Friseuse, unterhält im Netz eine Seite, in der sie in regelmäßi-

gen Abständen Tipps per Video gibt, wie frau auch Tage nach dem Friseur-
besuch noch so ausschaut, als habe sie soeben erst den Friseursalon verlassen. Und diese Tipps kann jeder nutzen, nicht nur die Kunden.

! *Stopp, ich hätte da eine Frage!*

*In meiner Ausbildung hieß es immer: „Verrate dem Kunden nicht zu
viel. Du sollst doch den Kunden nicht ausbilden." Gilt das nicht mehr?*

Das Kaufverhalten unserer Kunden hat sich geändert. Die Kunden sind
mündiger geworden. Und sie bekommen die gewünschten Informationen so gut wie an jeder Ecke. Dann ist es doch besser, Sie erhalten die
Informationen von Ihnen und nehmen Sie so als Experten wahr – und
nicht Ihren Mitbewerber. Ich jedenfalls bin ein glühender Verfechter
der gezielten Herausgabe von Informationen. Und zwar keine Wischi-
Waschi-Infos, sondern handfestes Insider-Wissen, das der Kunde nur bei
Ihnen, dem Experten, erhält.

Das Video als Transportmittel Ihres Wissens

Eine ganz ausgezeichnete Möglichkeit, die Marketingmühle in Bewegung zu
setzen und in Schwung zu halten, ist das bewegte Bild, das Video. Meiner
Erfahrung nach ist ein Video sehr gut geeignet, eine persönliche Atmosphäre zwischen dem Kunden und Ihnen zu schaffen. Sie treten dem Kunden
persönlich entgegen, sprechen ihn direkt an, geben gleich zu Beginn einen
nutzenwerten Tipp – und haben den Kunden mithilfe Ihres Expertenwissens
gefangen genommen.

Für das Video spricht nicht nur, dass Videos gerne gesehen werden – das
beweist YouTube jeden Tag mehrere Millionen Mal. Statistiken zeigen überdies: Der Video-Konsum im Internet wird in den nächsten Jahren deutlich
zunehmen.

Und jetzt schätzen Sie einmal, wie viele Dienstleister Videos für ihren Inter-
netauftritt nutzen. In den USA sind bereits 60 Prozent aller Internetseiten
mit Videos hinterlegt, in Deutschland gerade mal 10 Prozent. Und im Finanzdienstleistungsbereich, der bei der Online-Beratung bereits recht um-
triebig ist, sind das gerade einmal 5 Prozent.

Mit anderen Worten: Wenn Sie Videos nutzen, um einen Kundensog zu erzeugen, können Sie fast schon so etwas wie ein Alleinstellungsmerkmal aufbauen und ein Kundenbedürfnis ansprechen, das noch nicht allzu viel Anbieter erkannt haben.

Aber Achtung: Wer sich bei YouTube umsieht, stellt fest, dass es nicht genügt, ein Video zu produzieren und online zu stellen. Sie können dabei auch vieles falsch machen und Interessenten so eher vergraulen. Nutzen Sie darum die folgenden Möglichkeiten, mit einem professionellen Videoauftritt zu überzeugen.

Ihr Bildschirm wird zur Bühne

Die inhaltliche Gestaltung Ihres Videos dürfte deutlich geworden sein: Bieten Sie einen exzellenten, möglichst sofort umsetzbaren Nutzen, geben Sie Insider-Wissen preis. Doch auch die Verpackung muss stimmen. Mit einer Software – ich selbst nutze dazu die Software Camtasia Studio – können Sie Ihren Bildschirm zur Bühne entwickeln.

Das Prinzip ist denkbar einfach: Nach einer kurzen Begrüßung zeigt das Video eine Abfolge einiger PowerPoint-Folien – etwa eine Auswahl derjenigen Folien, die Sie in Schritt 4 kennen gelernt haben. Oder Sie nutzen PowerPoint-Folien, um das Produkt oder die Dienstleistung zu präsentieren und zu erklären, die Sie vertreten.

Die Software macht aus Ihren Folien also ein Video – konkret: Sie haben für einen Kunden in der „realen Welt" eine Präsentation erarbeitet und dem Kunden vorgetragen. Warum also diese Folie nicht nutzen, um mithilfe von Camtasia Studio daraus einen Videofilm zu erstellen?

Entscheidend ist die Beachtung der 30/60/90-Regel: Sie besagt, dass ein Video mindestens 30 Sekunden, aber nicht länger als 90 Sekunden dauern sollte. Ideal sind 60 Sekunden. Und das wiederum passt hervorragend zusammen mit dem Elevator Pitch. Einen Elevator Pitch haben Sie vielleicht für Ihre Begrüßungsphase im Online-Beratungsgespräch entwickelt (siehe dazu Schritt 3), auch die entsprechenden Folien. Nutzen Sie die Folien Ihres „Verkaufsgesprächs im Fahrstuhl", um nun im Video Ihr Business und Ihren Kundennutzen knapp, kurz und prägnant zu erläutern.

Sie müssen sich aber nicht damit begnügen, Präsentationsfolien aneinander zu reihen. Fügen Sie Musik, Kommentare, System-Audio oder Bilder hinzu. Die Software bietet überdies genügend Möglichkeiten, professionelle Screencasts zu produzieren, indem Sie visuelle Effekte erzeugen und zum Beispiel mit dem Cursor die Aufmerksamkeit des Betrachters auf bestimmte Inhalte und Folien lenken.

Die Königsklasse: Richten Sie Ihr eigenes Filmstudio ein

Die Einrichtung eines Filmstudios ist gar nicht so kostspielig, wie man es sich eventuell vorstellt. Für knapp 2.500 Euro lässt sich in Ihrem Keller schon etwas auf die Beine stellen, mit dem Sie hervorragende Videos produzieren können. Wenn Sie bedenken, dass der Kauf eines Profi-Videos rasch um die 1.000 bis 1.500 Euro kostet, amortisieren sich die Ausgaben für ein kleines Filmstudio recht zügig.

Zu der Ausrüstung gehören eine Greenscreen-Wand, Leuchten, eine Kamera, ein Stativ, ein Teleprompter sowie die entsprechende Videoproduktionstechnologie. Die Greenscreen-Wand – oder eine Bluescreen-Wand – ist notwendig, um Gegenstände oder Personen nachträglich vor einen Hintergrund zu setzen, der eine reale Filmaufnahme oder auch eine Computerabbildung zeigt.

So ist es möglich, in dem Videofilm Sie selbst im Vordergrund zu platzieren – dort sprechen Sie Ihren Text, geben einen Kundentipp. Und im Hintergrund läuft eine zu Ihrer Botschaft passende Filmsequenz ab.

Die Einrichtung des Filmstudios eröffnet nahezu geniale Möglichkeiten: Sie sprechen Ihren „Fahrstuhl-Text", also Ihren Elevator Pitch, in die Kamera oder erstellen eine Video-Serie aus zehn Clips mit den „Zehn nützlichsten Tipps für Ihren optimalen Versicherungsschutz". Oder Sie bitten Ihren Kunden, mit dem Sie soeben ein Vieraugen-Gespräch in Ihrem Büro daheim geführt haben, Sie in Ihren Keller zu begleiten. Dort spricht er vor der Greenscreen-Wand einen Kommentar zu Ihrer Beratungsdienstleistung in die Kamera – und fertig ist das authentische Testimonial.

! *Stopp, ich hätte da eine Frage!*

Dieses Kundentestimonial auf Video kann man doch auch für andere Zwecke nutzen und zum Beispiel bei YouTube einstellen?

Ja, richtig, auf jeden Fall. Ich empfehle allerdings, sich nicht allein auf YouTube zu beschränken. Sicherlich ist es für die Suchmaschinenoptimierung günstig, bei YouTube präsent zu sein. Denn viele Menschen schauen erst einmal nach, ob es ein informatives Video zu dem Thema gibt, für das sie sich interessieren. Bilder sagen eben mehr als tausend Worte.

Jetzt kommt ein großes „Aber"?

YouTube hat auch Nachteile. So wählt es aus dem Video irgendein Bild aus, um es als Startbild zu verwenden. Sie selbst können die Auswahl nicht beeinflussen. Das hat zum Teil unangenehme Folgen. Bei dem nicht so bekannten Portal Vimeo liegt es hingegen in Ihrer Hand, das Startbild auszuwählen. Allerdings hilft Ihnen eine Präsenz bei Vimeo nicht dabei, in den Suchmaschinen nach oben zu klettern. Dazu ist das Portal noch zu unbekannt. Darum mein Tipp: Laden Sie Ihre Videos bei YouTube und bei Vimeo hoch und nutzen Sie die Vorteile beider Portale.

Finden Sie bei der Erstellung Ihres Videos den goldenen Mittelweg zwischen Authentizität und Professionalität. Selbstverständlich ist es ungünstig, wenn Ihr Text unverständlich und genuschelt daherkommt, so dass er kaum zu verstehen ist. Aber ein kleiner Versprecher, der entsteht, weil der Text frei gesprochen wird, verleiht dem Video oder Podcast eine persönliche Note.

Des Weiteren gibt es die Alternative, den Text über einen Teleprompter abzulesen. Trotzdem: Tagesschau- oder Heute-Sendungen, in denen der Sprecherin oder dem Sprecher ein verbaler Fauxpas unterlaufen ist, sind noch nach Jahren in aller Munde und legendär.

Mit dem Handy auf Du und Du

Spätestens seit den Revolutionsbewegungen in Nordafrika im Zuge des Arabischen Frühlings ist der Begriff „Mobile Journalism" in aller Munde: Ein Video, aufgenommen von Menschen in Syrien, Ägypten, Tunesien oder

Libyen, steht kurze Zeit danach im Internet und bewegt und erschüttert die Welt.

Heutzutage ist die Kamera immer mit dabei. Darum: Nutzen Sie Ihr Smartphone, um in guter Qualität und verbunden mit nur geringen Kosten zum Beispiel eine authentische Kundenäußerung aufzunehmen. Mittlerweile hat sich rund ums Handy, das als Kamera genutzt wird, eine Zubehörindustrie entwickelt. So gibt es beispielsweise Handgriffe mit einer Universalschiene, an dem sich ein Smartphone und überdies ein Mikrofon befestigen lassen. So entsteht mehr Bildruhe – und Sie als Filmemacher haben mindestens eine Hand frei. Sie führen Ihr Mini-Filmstudio immer bei sich und drehen unterwegs und wenn es die Situation erlaubt, einen Videoclip, den Sie für Ihre Internetpräsenz verwenden können.

Die verschiedenen Möglichkeiten kombinieren

Sobald Sie einige Erfahrungen im Umgang mit den verschiedenen Möglichkeiten, ein Video zu produzieren, gesammelt haben, sollten Sie diese miteinander kombinieren. Vor der Greenscreen-Wand in Ihrem Filmstudio begrüßen Sie Ihre Kunden und spielen dann einen Film mit einem Ambiente ein, das zu Ihrem Thema passt. Ohne großes Brimborium tragen Sie dem Kunden einige nutzenwerte Tipps vor und schalten dann mithilfe einer Software wie Camtasia Studio eine PowerPoint-Präsentation Ihrer Dienstleistung hinterher. Zum Abschluss zeigen Sie eine Testimonial-Reihe mit Videos zufriedener Kunden, die jeweils nach erfolgreichem Beratungsgespräch eine Bewertung in die Kamera Ihres Handys gesprochen haben.

Ein Praxishinweis: Achten Sie darauf, alle Aufnahmen im 16:9-Format anzufertigen.

Natürlich gibt es überdies die Möglichkeit, für kleines Geld Videos einzukaufen, die Sie in Ihre Präsentation einbinden können. So bietet der Markt kurze Zeichentrickfilme mit einer Laufzeit von drei bis fünf Minuten zu Themen wie etwa „Die Riester-Rente einfach erklärt", „Die Berufsunfähigkeitsversicherung" oder „So finanzieren Sie Ihre Immobilie richtig".

Ein Vorteil: Diese Videos sind personalisierbar – Sie können zum Beispiel Ihr Logo einbinden. Online-Berater, die sich von mir coachen lassen, berichten von guten Erfahrungen, wenn sie diese Videos themenorientiert und eher sparsam einsetzen. Sie eignen sich vor allem, um komplexere Produkte anschaulich vorzustellen.

! *Stopp, ich hätte da eine Frage!*

Können Sie noch ein Beispiel geben, wie sich ein selbst erstelltes Video themenorientiert einsetzen lässt?

Veronika Herrmann ist Trainerin und Coach für Stressmanagement und Auszeitwochen. Sie hat 30 Auszeittipps erstellt, die sie den Interessenten, die diese Videoclipreihe abonniert haben, in einem bestimmten Rhythmus zukommen lässt. Man erhält dann eine E-Mail mit einem Begrüßungstext, etwa: „Lieber Herr Hönle, halten Sie gerade den Atem an? Heute erfahren Sie, wie Sie sich daran erinnern können, weiterzuatmen." Und dann folgt der Auszeittipp „Weiteratmen".

Natürlich gibt es neben der professionellen Erstellung der Videos einige andere Aspekte des Internetmarketings, die Sie berücksichtigen sollten, so das Social Bookmarking. Indem Sie bei Facebook, Twitter, Xing und YouTube präsent sind und Ihre Internetseite mit den Social Medias verlinken, verstärken Sie den Sog Ihrer Homepage. Wie das gelingt, erfahren Sie in dem Buch „Social Media Marketing" von Michael Bernecker und Felix Beilharz, und zwar insbesondere im zweiten Kapitel auf den Seiten 33-90.

Aber auch hier kommt es im Wesentlichen darauf an, über die Social Medias nutzenorientierte Informationen zu transportieren.

Entscheidend aus meiner Sicht ist es, alle Möglichkeiten zu nutzen, die einen Dialog mit dem Kunden eröffnen – das Abonnement eines Newsletters oder einer Serie von Video-Clips ist bereits angeführt worden. Vielleicht sollten Sie überdies ein Internettagebuch führen und über einen Blog kontinuierlich Informationen an Ihre Kunden weitergeben.

→ Fazit

- Ihre Internetseite entfaltet dann eine Sogwirkung, wenn Sie Ihren Kunden hochwertige Inhalte zur Verfügung stellen, die den Kunden einen Nutzen bieten.

- So gelingt es, das Kundeninteresse zu wecken und die Kaufenergie des Kunden anzustacheln und Schritt für Schritt zu erhöhen.

- Eine nachhaltige Sogwirkung lässt sich durch Videos und Podcasts erzeugen. Investieren Sie darum Gedankenschmalz in die Überlegung, wie Sie aussagekräftige Videos produzieren können.

Schritt 6: Netzwerkmarketing – wie Sie bei den Suchmaschinen ganz oben landen

✓ **Was Sie jetzt erfahren**

– Netzwerkmarketing hilft Ihnen, die User zu animieren, auf Ihre Homepage zu gehen.

– Im Mittelpunkt stehen Strategien, Methoden und Tricks, wie Sie mit Ihren Online-Beratungsthemen in den Suchmaschinenlisten ganz oben landen und so Traffic auf Ihrer Homepage auslösen.

– Sie erfahren, wie Sie Nischensuchbegriffe festlegen und Ihre Homepage-Texte darauf abstimmen – mit der Folge, dass die Anzahl der Besucher Ihrer Internetseite ansteigt.

Nutzen Sie die Suchmaschinen für Ihre Ziele

Yahoo kennt „man", vielleicht ist Ihnen Bing auch noch ein Begriff. Aber: Kennen Sie Acoon, Metager oder Yacy? Wahrscheinlich nicht. Es handelt sich um Suchmaschinen, deren ausbaufähiger Bekanntheitsgrad nur einen Schluss zulässt: Google diktiert die Wahrnehmung. Die weltgrößte Suchmaschine bestimmt, welches Wissen im Internet existiert und welches nicht. Und das gilt wahrscheinlich auch noch für längere Zeit.

Man mag es beklagen oder nicht: Auf der Suche nach Netzseiten landen die deutschen User zu knapp 90 Prozent bei Google. Und darum ist es für den Erfolg Ihrer Online-Beratungsdienstleistung entscheidend, inwiefern es Ihnen gelingt, bei dem Suchmaschinen-Riesen ganz oben auf der Trefferliste zu landen. Dabei ist es fast schon wie bei den Olympischen Spielen. Ein Platz sieben oder acht zählt schon nicht mehr. Auf die ersten drei Positionen der Suchergebnisse klicken rund 50 Prozent der User, die einen bestimmten Suchbegriff eingeben, also die Hälfte der Suchenden. Der letzte Platz auf der ersten Seite bei Google wird dann nur noch von rund vier Prozent angeklickt. Und das sind die Zahlen nur für die erste Google-Seite!

Das Ziel darf mithin nicht sein, auf die erste Seite bei Google zu gelangen,
sondern möglichst unter die ersten fünf Plätze. Die Bedeutung der Suchmaschinen, insbesondere Google, wird auch durch die Zahlen belegt, die ich
bezüglich meiner Dienstleistung „Rechtsschutzversicherung" nennen kann:
Über 80 Prozent des Traffic auf dieser Seite entsteht über Google, etwas über
9 Prozent kommen jeweils durch Verweise anderer Internetseiten und durch
direkte Zugriffe zustande. Die Anzahl der Besuche der Rechtsschutzseite
über andere Websites und die direkte Eingabe meiner Adresse in den Browser ist im Vergleich mit dem Google-Traffic verschwindend gering.

Wie also gelingt es, bei Google aufs Podest zu steigen?

Maßnahme 1: Umdenken – der Kunde muss SIE finden

In der alten Verkäuferwelt hieß es immer, man müsse einen Bedarf beim
Kunden wecken. Sie mussten dem Kunden zum Beispiel aufzeigen, dass er
eine Lücke im Versicherungsschutz, in der Altersvorsorge oder bei der Absicherung seiner Arbeitskraft hat. Oder dass ihm bestimmte Dienstleistungen
oder Produkte fehlen, die er unbedingt erwerben muss. Und wenn Sie ihn
davon überzeugt hatten, dann haben Sie dem Kunden ein Angebot gemacht,
damit diese Lücken bedarfsgerecht geschlossen werden konnten.

In der neuen Verkäuferwelt ist das anders.

! *Stopp, ich hätte da einen Einwand!*

Sie übertreiben jetzt aber. Ein Berater und Verkäufer sollte doch immer noch den Bedarf eines Kunden erkennen oder wecken können.

Das gilt aber nicht für die Kundenakquisition bei der Online-Beratung.
Der Kunde geht in der Regel ins Internet, weil er zumindest eine ungefähre Vorstellung von dem hat, was er benötigt. Meistens nutzt er dann
eine Suchmaschine, um an die entsprechenden Informationen zu gelangen. Darum: Berater und Verkäufer müssen heute nicht mehr die Informationen zu den Kunden bringen. Die Informationen über Versorgungs-

lücken, über Produkte und über Vergleiche kommen heute zu den Kunden – und zwar automatisch: Über unzählige Internetseiten, Newsletter, über RSS-Feeds, Podcasts, Online-Videos, Wikis, über Facebook, Twitter und so weiter. Sie sehen: Sie müssen heutzutage beim Kunden oft gar keinen Bedarf mehr wecken. Vielmehr gilt: Durch die verschiedensten Informationskanäle ist vielen Kunden ihr Bedarf bereits bekannt. Und dann stoßen sie im Internet auf Ihr Angebot – oder auch nicht.

Das heißt: Sie müssen Ihre Kunden nicht mehr suchen. Die Kundenanfragen sind schon vorhanden. In der neuen Welt müssen Sie dafür sorgen, dass Sie dort sind, wo Ihre Kunden nachfragen. Sie müssen dafür sorgen, dass Ihre Kunden SIE finden! Sie müssen mithin umdenken – und dann einen Weg finden, um dort, wo Ihre Kunden nach Informationen zu Ihrem Thema suchen, präsent zu sein.

Maßnahme 2: Nochmals umdenken – beschreiben Sie Ihre Dienstleistungen mit guten Texten

Suchmaschinen lieben Texte – die Texte auf Ihrer Homepage sind der Schlüssel zum Erfolg. Bilder mögen mehr als tausend Worte sagen – noch aber entscheiden Ihre Texte, Ihre Wörter auf Ihrer Internetseite, wo Sie zum Beispiel bei Google landen. Darum ist es enorm wichtig, die Produkte und Dienstleistungen auf Ihrer Homepage „mit den richtigen Worten" zu beschreiben. Der Kunde, der über Google auf Ihre Homepage geleitet wird, muss jetzt ausgezeichnete und nutzenwerte Informationen finden – ansonsten ist er ganz schnell wieder bei Google und klickt die nächste Internetseite an, wahrscheinlich die Ihres Konkurrenten.

Ich möchte also mit dem Vorurteil aufräumen, das Internet sei „textfeindlich" – das Gegenteil ist der Fall:

- Setzen Sie auf Qualität und überlegen Sie, wie Sie Ihre Dienstleistungen angemessen beschreiben.

- Setzen Sie zugleich auf Quantität: Die Suchmaschinen bewerten Ihre Seite nach der „Bewegung" die dort herrscht, nach den textlichen Veränderungen und Erweiterungen, die Sie dort vornehmen. Eine tolle Homepage, in Stein gemeißelt, auf der sich nichts verändert, hat bei Google keine Chance. Google „beobachtet" und wertet die Aktivitäten aus, die auf Ihrer Internetseite festzustellen sind. Nur wer auf seiner Website kontinuierlich und regelmäßig Artikel und Texte einstellt, aktualisiert und verändert, wird von Google mit einer guten Platzierung „belohnt".

Maßnahme 3: Legen Sie die richtigen Nischensuchbegriffe fest

Nehmen wir an, Sie sind als Online-Berater im Bereich „Krankenversiche-rung" unterwegs. Wenn Sie diesen Begriff nun bei Google eingeben, werden Sie feststellen, dass es dort – ich starte diesen Versuch im August 2012 mit dem entsprechenden Google-Analysetools – im Monat zwei Millionen Such-anfragen gibt. „Das ist ja toll", werden Sie vielleicht sagen. Würde es Ihnen gelingen, mit dem Suchwort relativ weit oben bei Google zu landen, und nur zehn Prozent der Google-User, die den Begriff eingeben, auf Ihrer Home-page landen, wären das ja über 200.000 potenzielle Interessenten!

Richtig – jetzt aber die schlechte Nachricht. Sie konkurrieren mit fast 17 Millionen Suchergebnissen. Es dürfte also nicht so einfach sein, einen vorde-ren Platz zu ergattern. Denn Sie müssten fast 17 Millionen Konkurrenzseiten überholen.

Hinzu kommt: Natürlich gehört der Begriff „Krankenversicherung" zu den heftig umkämpften. Unternehmen und Firmen, die Produkte und Dienstleis-tungen im Umfeld dieser umkämpften Begriffen anbieten, investieren hohe Summen in die Suchmaschinenoptimierung ihrer Internetseiten. Besonders deutlich wird dies im Finanzdienstleistungsbereich und in der Versiche-rungsbranche. Unternehmen wie Check24.de oder Finanzen.de stecken jeden Monat mehrere Tausend Euro in die Suchmaschinenoptimierung ihrer Internetseite, um von Usern gefunden zu werden, die sich für ihre Themen interessieren. Und wahrscheinlich werden Sie diese Summen nicht investie-ren können.

Erfolgversprechender ist es, mit Nischensuchwörtern zu arbeiten, also mit den sogenannten Longtails. Das sind Begriffe, die sich aus mehreren Wör-tern zusammensetzen. Zudem bezeichnet der Longtail Suchbegriffe abseits der bekannten und stark umkämpften Keywords.

Nehmen wir an, Sie haben sich auf die PKV spezialisiert und setzen darauf, dass sich die Interessenten informieren wollen, ab welcher Gehaltsgrenze sie überhaupt eine PKV abschließen können. Das ist wohl eine der Fragen, die sich jeder stellt, der von der gesetzlichen in die private Krankenversicherung wechseln will.

Ein Interessent wird wahrscheinlich nicht das Suchwort „Krankenversicherung" eingeben, sondern „Private Krankenversicherung Gehaltsgrenze 2012". Das Ergebnis: Es gibt 91 monatliche Suchanfragen zu diesem Nischensuchwort – nicht gerade viel. Aber: Es gibt nur 130.000 Konkurrenzseiten, die Sie überholen müssen, um bei Google vorne zu landen.

Fazit: Es kann sich also für Sie durchaus lohnen, die Texte auf Ihrer PKV-Homepage auf das Nischensuchwort „Private Krankenversicherung Gehaltsgrenze 2012" abzustellen und es dort häufig zu benutzen.

! Stopp, ich hätte da eine Frage!

Ist dieses Keywordtool eine nützliche Einrichtung?

Auf jeden Fall. Mithilfe des Google-Keywordtools können Sie feststellen, welche Nischensuchbegriffe für Sie geeignet sind, um möglichst viele potenzielle Interessenten auf Ihre Website zu ziehen. Die Kunst besteht darin, Nischensuchwörter zu finden, die

– zum einen Ihre Dienstleistung angemessen beschreiben, und

– die zum anderen von Usern im Internet bei Google als Suchbegriffe eingegeben werden, ohne dass Sie mit unzähligen Konkurrenzseiten in einen Wettbewerb treten müssen.

In diesem Zusammenhang möchte ich zwei weitere Aspekte thematisieren: Sie sehen an dieser Stelle nochmals, wie wichtig eine spitze Positionierung ist. Für Sie als Online-Berater ist es besser, sich auf einige Beratungsschwerpunkte zu konzentrieren und Ihre Zielgruppe möglichst genau zu definieren. In Schritt 2 habe ich bereits darauf hingewiesen, wie wichtig es ist, „Anders zu sein Als die Anderen".

Und der zweite Aspekt?

Bei der Suchmaschinenoptimierung Ihrer Internetseite müssen Sie lernen, die richtigen Fragen zu stellen, und zwar die Fragen, die Ihre potenziellen Kunden stellen, wenn sie in der Suchmaschine nach Informationen suchen. Wenn es Ihnen gelingt, diesen Fragen auf die Spur zu
kommen, wissen Sie, welche Keywords Ihnen helfen, die User auf Ihre
Seite zu lenken.

Dazu hätte ich gerne ein Beispiel.

Sie haben sich auf den Verkauf privater Krankenversicherungen spezialisiert. Ihre Kernzielgruppe sind Familien, also keine ledigen Personen. Sie
gehen davon aus, dass jemand, der sich privat versichern möchte, wissen
will, was es ihn kostet, wenn er die Familie mitversichern muss. Ein solcher Interessent gibt bei Google „Private Krankenversicherung Familien-
Rechner" ein – und stößt auf Sie. Das erste Ziel ist damit erreicht. Jetzt
müssen Sie aber noch die Konkurrenzsituation genauestens analysieren.

Maßnahme 4: Analysieren Sie die Konkurrenzsituation im Detail

Es gibt eine Formel, mit der Sie die Konkurrenzanalyse optimieren können.
Sie lautet: *„ " – Allintitel:„ " – Allinurl:„ "*. Dahinter verbirgt sich eine Methodik, mit der Sie in der Google-Suche feststellen, ob Ihr Nischensuchbegriff

- allgemein in Konkurrenztexten benutzt wird – dazu dienen die Anfüh-
  rungszeichen, die Ihren Begriff umklammern, also geben Sie in der
  Google-Suche beispielsweise *„Private Krankenversicherung Familien-
  Rechner"*. Günstig ist es, wenn es maximal 30.000 entsprechende Konkur-
  renzeinträge gibt, besser sind um die 1.000 Begriffe oder weniger.

- im Titel einer Website vorkommt. Geben Sie in der Google-Suche
  Allintitel:„Private Krankenversicherung Familien-Rechner" ein, erscheinen
  die entsprechenden Websites, wobei es günstiger ist, wenn maximal 500
  Einträge verzeichnet sind.

- in der URL einer Website vorkommt. Der Eintrag in der Google-Suche
  Allinurl:„Private Krankenversicherung Familien-Rechner" sorgt dafür, dass

Google nur Websites listet, in deren Webadresse der Suchbegriff auftaucht. Wiederum gilt: Günstig sind 500 oder weniger Nennungen.

Ich halte fest: Das Keywordtool von Google klärt Sie über die Konkurrenzsituation auf und lässt Sie hoffentlich zu dem Schluss kommen, genau den richtigen Suchbegriff gefunden zu haben. Oder Sie können nun entscheiden, ob Sie – natürlich unter Berücksichtigung der Dienstleistung, die Sie anbieten – ein anderes Nischensuchwort bestimmen sollten, das in Ihren Homepagetexten immer wieder auftaucht und Sie bei Google nach oben katapultiert.

Ich habe die entsprechende Analyse durchgeführt – das Ergebnis: Mit dem Begriff *Private Krankenversicherung Familien-Rechner* konkurrieren Sie nur mit vier Anbietern, die den Begriff im Titel und in der URL führen. Und bei immerhin 110 Anfragen, die pro Monat Ihren Suchbegriff umfassen, dürfen Sie damit rechnen, dass viele User, die im Netz nach Anbietern privater Krankenversicherungen recherchieren, bei Ihnen auf der Website landen.

Lassen Sie mich zur Verdeutlichung ein weiteres Beispiel anführen, nämlich die „unabhängige Baufinanzierung". Mit dem Wort „Baufinanzierung" alleine hätte ich angesichts der Übermacht der Konkurrenz kaum Erfolgsaussichten. Bei dem Begriff „unabhängige Baufinanzierung" ist es leichter, da hier die Konkurrenz von anderen Internetseiten bei weitem nicht so groß ist. Laut Google-Keywordtool gibt es hierbei monatliche Suchanfragen von 260 – und ich stehe in der Google-Suche auf Platz 1. Aller statistischen Wahrscheinlichkeit nach gelangt rund die Hälfte der Suchenden auf meine Baufinanzierungs-Seite – also 130 Menschen pro Monat.

Und diese Menschen suchen dann genau das, was ich biete, nämlich eine unabhängige Baufinanzierung. Und somit ist die Chance sehr groß, dass ein Teil davon meine Seite genau betrachtet und einen Termin in meinem Online-Kalender bucht.

Noch interessanter sieht es bei dem Suchwort „Baufinanzierung Beratung unabhängig". Diese Suchbegriffe werden zwar im Monat nur rund 50mal gesucht, doch mit ihnen ist es noch leichter, sich auf der ersten Seite bei Google ganz oben zu platzieren.

! *Stopp, ich hätte da eine Frage!*

Empfehlen Sie, es bei diesem einen Nischensuchbegriff zu belassen?

Nein, im Gegenteil. Ein Online-Berater sollte so viele Keywords wie möglich festlegen und jeweils die Konkurrenzsituation prüfen. Je mehr quasi konkurrenzlose Nischensuchbegriffe Sie festlegen, desto besser. Hinzu kommt: Wenn Sie über mehrere Nischensuchbegriffe verfügen, ist es nicht so entscheidend, wenn ein Suchwort von einem Mitbewerber erobert wird. Durch die verbleibenden Suchwörter erzeugen Sie immer noch genügend Suchanfragen. Und wer den Aufwand für die dargestellte Analyse scheut und lieber etwas dafür investieren will, kann ein Programm wie beispielsweise „Market Samurai" nutzen, das Unterstützung bei der Suche nach den optimalen Nischensuchbegriffen bietet.

Es dürfte nicht so leicht sein, möglichst viele Keywords zu finden.

Als Experte für Ihre Beratungsschwerpunkte dürfte Ihnen das nicht allzu schwer fallen. Für die Suche nach weiteren Nischensuchbegriffen können Sie aber auch die Vervollständigungsfunktion von Google nutzen. Dazu geben Sie Ihr Suchwort in die Google-Suche ein und wählen einen Vorschlag von Google aus – die **Abbildung 27** verdeutlicht das Prinzip.

Abbildung 27   Die Vervollständigungsfunktion bei der Suche nach
                      Nischensuchbegriffen nutzen

Vervollständigungsfunktion bei der Suche

Google

Suche

private krankenversicherung gehaltsgrenze 2011
private krankenversicherung gehaltsgrenze **2011**
private krankenversicherung gehaltsgrenze **2012**
private krankenversicherung **gehalt grenze**
private krankenversicherung gehaltsgrenze **2009**

Weitere Informationen

Maßnahme 5: Verfassen Sie SUMO-Artikel

Jetzt müssen Sie noch SUMO-Artikel auf Ihrer Homepage einstellen, die suchmaschinenoptimiert aufgebaut sind, also Artikel, in denen an ganz bestimmten Stellen Ihre Nischensuchbegriffe auftauchen. SUMO heißt dabei SUchMaschinenOptimierte Texte, die nach den folgenden Gesetzmäßigkeiten strukturiert sein sollten:

■ Der Titel Ihrer Internetseite muss dem Suchwort entsprechen. Achten Sie insbesondere auf eine identische Schreibweise.

■ Im ersten Abschnitt eines Artikels sollte gleich zu Beginn das ermittelte Suchwort stehen. Es ist günstig, wenn dieser erste Abschnitt nicht mehr als 150 Zeichen umfasst.

■ Das Suchwort muss im Text etwa ein bis zwei Prozent im Verhältnis zu den anderen Wörtern vorkommen – konkret: Bei 400 Wörtern kommt Ihr Suchwort vier- bis achtmal vor.

■ Texten Sie möglichst viele Zwischenüberschriften, die Ihr Suchwort enthalten.

■ Fügen Sie mindestens ein Bild in den Artikel ein, welches nach dem Suchwort benannt ist und überdies den Titel des Suchwortes trägt.

■ Bringen Sie im letzten Satz des Artikels das Suchwort nochmals unter.

Die **Abbildung 28** zeigt ein Beispiel, und zwar zu dem Suchbegriff „Rechtsschutz Rentner" – der Begriff kommt an allen genannten wichtigen Stellen vor.

Abbildung 28   Beispiel für einen SUMO-Artikel

Günstig ist es, möglichst viele SUMO- Artikel auf Ihrer Homepage zu platzieren. Das kostet Zeit – dazu ein Rechenbeispiel: Wenn Sie pro Woche einen
suchwortoptimierten Artikel auf Ihrer Internetseite veröffentlichen, sind das
im Jahr 50 Artikel. Ein gut gestalteter Artikel bringt Ihnen meiner Erfahrung
nach im Monat rund 100 Besucher. Das bedeutet, dass Sie nach einem Jahr
50 Artikel mal durchschnittlich 100 Besucher, also 5.000 Besucher pro Monat
auf Ihrer Internetseite haben.

! *Stopp, ich hätte da einen Einwand!*

Nach einem Jahr – das ist ziemlich lang.

Wenn es Ihnen zu langsam geht, dann können Sie einen Dienstleister
wie etwa content.de in Anspruch nehmen. Dieser Dienstleister erstellt

suchmaschinenoptimierte Texte für Sie. Oder Sie schreiben selbst zwei oder mehr Artikel pro Woche. Bei zwei Artikeln haben Sie bereits nach einem halben Jahr die 5.000 Besucher gewonnen – und nach einem Jahr rund 10.000 Besucher pro Monat auf Ihrer Seite.

Das hört sich so einfach an. Warum macht das eigentlich nicht jeder?

Wissen Sie, was die Schwierigkeit bei der ganzen Sache ist? Die Ausdauer. Leider haben die meisten Online-Berater nicht die Ausdauer, um diese Suchmaschinenoptimierung für ihre Website durchzuführen. Die meisten sind einfach zu ungeduldig. Sie gehen mit großem Eifer an die Sache heran, schreiben in den ersten vier Wochen sogar drei bis fünf Artikel pro Woche. Und wenn nicht schon nach vier Wochen deutlich mehr Anfragen über das Internet kommen, geben sie auf. Da kann ich nur raten: Nicht das Beginnen wird belohnt, sondern das Durchhalten. Die Suchmaschinen, und natürlich auch Google, belohnen Geduld, Hartnäckigkeit und Kontinuität.

Informieren Sie sich über Maßnahmen zur Offpage-Optimierung

Bisher haben Sie vor allem erfahren, was Sie bei der Onpage-Optimierung beachten sollten, also bei der Gestaltung Ihrer Internetartikel unter SUMO-Gesichtspunkten. Hinzu kommen muss die Offpage-Optimierung. Dazu zählen alle Maßnahmen, die dazu führen, über andere Homepages Traffic auf Ihrer Internetseite auszulösen. Wenn Sie zum Beispiel bei Facebook, Twitter und Xing vertreten sind, verlinken Sie von dort aus auf Ihre Seite. Oder Sie sorgen dafür, dass in Foren und Blogs Ihre Homepage Erwähnung findet und bei YouTube Videos von Ihnen platziert sind, die wiederum auf Ihre Website verweisen.

Eine weitere Option ist: Sie können einen eigenen Blog ins Leben rufen – es gibt überdies Möglichkeit, in Blogs als Gastautor tätig zu werden.

Zur Offpage-Optimierung gehört, dass Ihre Internetseite und Ihre Themenschwerpunkte in den Medien der realen Welt erwähnt werden. Ich nenne hier nur die Präsenz in Zeitschriftenartikeln und die Kommunikation Ihrer Beratungsdienstleistungen über Pressemitteilungen.

Das heißt: Bauen Sie sich Ihr eigenes Suchmaschinen-Universum (speziell: Google-Universum) auf: Ihre Internetseite ist die Basis, die verschiedenen Medien sind die Satelliten, die auf Ihre Internetseite zeigen, indem sie von den Medien auf Ihre Homepage verlinken.

Welche Möglichkeiten Ihnen hierbei offen stehen – und an dieser Stelle wiederhole ich mich –, erfahren Sie kompetent und ausführlich in den von mir bereits genannten Büchern, die Sie überdies im Literaturverzeichnis finden.

→Fazit

– Der Kunde muss SIE im Internet finden. Überlegen Sie, welche Nischensuchbegriffe geeignet sind, Internetuser auf Ihre Website zu lenken. Berücksichtigen Sie auch die Konkurrenzsituation.

– Gehen Sie dabei von Ihrer Positionierung aus – also den Beratungsschwerpunkten und Ihren Zielgruppen, denen Sie einen Nutzen stiften wollen.

– Erweitern Sie Ihre Website kontinuierlich und regelmäßig mit SUMO-Artikeln.

– Nutzen Sie alle Möglichkeiten des Netzwerkmarketings, um auf Ihrer Internetseite Traffic auszulösen.

Schritt 7: Richten Sie Ihr Online-Büro als Wohlfühlzone ein

✓ **Was Sie jetzt erfahren**

- Menschen identifizieren sich mit ihrem Umfeld – bei der Einrichtung Ihres Online-Büros dürfen Sie nicht nur auf Funktionalität achten, sondern Sie sollten es als Wohlfühlzone gestalten.

- Sie lesen, welche technische Ausstattung Ihr Büro auf jeden Fall aufweisen sollte und wie Sie kostengünstig eine Internetseite erstellen und ein Filmstudio einrichten.

Sorgen Sie für eine freundliche Atmosphäre

Die meisten Menschen wollen sich an ihrem Arbeitsplatz wohlfühlen. Das verhält sich bei der Online-Beratung nicht anders. „Wohlfühlen" – das ist selbstverständlich eine subjektive Kategorie. Mein Rat an Sie ist, sich Ihr Büro so einzurichten, dass es zu Ihrem Typus passt.

Ich selbst liebe es eher locker, lässig und leger: In meinem Büro befinden sich zum Beispiel eine Sofaecke und ein Ohrensessel. Da ich mit einem tragbaren Tablet-PC arbeite und über eine Funkverbindung verfüge, kann ich während der Online-Beratung in meinem relativ großen Zimmer auf und ab gehen, mich in den Sessel fläzen, dann wieder zum Schreibtisch wechseln, um schließlich in der gemütlichen Sofaecke die Beratung zu beenden. Mein Büro ist also so eingerichtet, dass ich dort jederzeit einen guten Freund empfangen und mit ihm in einer gemütlichen Atmosphäre plaudern könnte.

Bei mir jedenfalls verhält es sich so, dass der Kunde am anderen Ende der Leitung meine aufgeräumte Stimmung erspürt. Das Gespräch verläuft häufig ebenfalls in einer lockeren Atmosphäre. Mit der Zeit werden auch Sie ein Gefühl dafür entwickeln, ob man dann doch vielleicht mit einem Kunden zu tun hat, dem die lockere Lässigkeit nicht gefällt. Versuchen Sie, sich auch auf diesen Kunden einzustellen.

Wenn Sie selbst zu den Schlips-und-Kragen-Typen zählen, die sogar bei einer Beratung, bei der der Kunde nicht persönlich anwesend ist, ordentlich gekleidet sein wollen, werden Sie mit einiger Wahrscheinlichkeit ein vollkommen anderes Ambiente als ich wählen.

Ein Praxistipp: Unterschätzen Sie die Wirkung der Büroeinrichtung nicht. Auch wenn Sie kein Feng-Shui-Anhänger sind, die bekanntlich ihre Räumlichkeiten nach energetischen Gesichtspunkten einrichten: Es ist wichtig, dass das Zimmer, in dem Sie arbeiten, und Sie eine harmonische Einheit bilden. Achten Sie also darauf, dass eine motivierende und leistungsstärkende Beziehung zwischen Ihrem Umfeld und Ihnen möglich ist.

Vielleicht kennen Sie das Gefühl: Sie betreten einen Raum – und fühlen sich einfach rundum wohl, behaglich, in Harmonie mit dem Umfeld. Sie können vielleicht nicht begründen, warum das so ist – Sie spüren nur: In einem solchen Raum würde ich gerne leben, wohnen, arbeiten. Dies sollte Ihr Ziel bei der Überlegung sein, wie Sie Ihr Online-Büro einrichten.

Kreativität, Engagement und Freude werden oft durch auf Zweckarchitektur und bloße Funktionalität ausgerichtete Arbeitsplätze erstickt. Verleihen Sie Ihrem Büro darum ein Aussehen, das zu Ihnen und Ihrem Typus passt und Ihnen ein Lächeln auf das Gesicht zaubert, sobald Sie es betreten. Sie wissen ja: Ihr Kunde spürt es, wenn Sie Ihre Arbeit gerne und mit Engagement und Begeisterung tun, selbst wenn er Ihr Lächeln nicht sehen kann.

! *Stopp, ich hätte da eine Frage!*

Ich bin ein visueller Typ und achte darauf, dass meine Zimmerwände Farben haben, die motivierend und inspirierend wirken. Wie sieht das bei Ihnen aus?

Der Mensch ist ein sinnliches Wesen! Und Motivations- und Leistungssteigerungen lassen sich natürlich auch über die Anregung unserer Sinne herbeiführen. Düfte und Klänge beflügeln die Fantasie und steigern unsere Leistungsbereitschaft. Atmung, Herzschlag und Blutdruck reagieren ganz besonders auf Düfte. Durch bestimmte Duftmischungen lassen sich Lernfähigkeit, Konzentration und Entspannung positiv beeinflussen. Auch die richtige Farbauswahl ist wichtig, da gebe ich Ihnen recht. Blau zum Beispiel fördert die Kommunikation, Grün lässt uns entspannen und steigert die Kompromissfähigkeit. Orange steigert die Kreativität und weckt unsere Lebensfreude. Mit Gelb steigern wir unsere Konzentration, Rot aktiviert unsere Sinne und erzeugt Spannung. Eine weitere Anregung: Grüne Inseln im Büro – etwa Pflanzen – aktivieren die Sinne und setzen Energien frei.

Online-Beratung: PC, Telefon, Headset, Eingabestift und Co.

Kommen wir zu den technischen Einrichtungsgegenständen, die Sie für Ihre Beratungstätigkeit benötigen. Das ist wahrscheinlich weniger, als Sie vermuten.

In meinen Seminaren und Coachings, in denen ich Menschen unterstütze, die sich als Online-Berater selbstständig machen wollen, frage ich immer: „Haben Sie einen PC oder einen Laptop? Verfügen Sie über einen Internetzugang? Und besitzen Sie ein Telefon?" Selbstverständlich werden diese Fragen bejaht, mit einem zuweilen erstaunten, oft auch etwas ironischen Lächeln. Klar – in welchem Haushalt sind diese Dinge heutzutage nicht anzutreffen?

Dann antworte ich: „Gut – dann können Sie im Prinzip mit der Online-Beratung starten, zumindest technisch sind Sie ausreichend dafür ausgerüstet!"

Ohne es verallgemeinern zu wollen: Ich verfüge über eine 3.000er DSL-Leitung – liegt Ihre Leitung darunter, leidet die Übertragungsqualität. Wichtig für mich ist überdies ein qualitativ hochwertiges Headset, das auf meine Bedürfnisse abgestimmt ist. Die meisten Headset-Unternehmen bieten eine Beratung an, um eine Headset-Lösung für verschiedene Einsatzfälle und für jeden Benutzer zu finden.

In Schritt 3 haben Sie erfahren, wie wichtig es ist, mit Folien zu arbeiten, die Sie mit PowerPoint kreieren. Sie sollten überdies die Möglichkeit haben, während der Präsentation und der Beratung den virtuellen Notizblock zu nutzen, in den Folien Ergänzungen vorzunehmen und sich als „Maler" zu betätigen. Ich empfehle Ihnen, sich einen Tablet-Computer sowie das Präsentationsprogramms der Communication Service Network GmbH, kurz CSN®, anzuschaffen. Der berührungsempfindliche Bildschirm des Tablet-Computers kann mit einem Eingabestift beschrieben werden.

Ein guter Tablet-PC kostet um die 1.200 Euro. Im Internet finden Sie Anbieter, die einjährige Leasingrückläufer anbieten. Diese gebrauchten Tablet-Laptops erhalten Sie bereits ab 300,- Euro. Eine günstige Alternative zum Eingabestift ist der E-Pen; dieser Digitalstift kostet zwischen 70 und 80 Euro. Gerade zu Beginn Ihrer Online-Tätigkeiten ist der E-Pen zu empfehlen.

Auf die Vorteile des Übertragungstools CSN® habe ich ja bereits hingewiesen. Sie können beispielsweise auf dem PC des Kunden andere Internetseiten und Videos öffnen und den Online-Taschenrechner einblenden. Der bestechende Nutzen des Programms besteht in der äußerst erlebnisorientierten Präsentationsweise, die so möglich wird.

Mit Spreed liegt ein Konferenztool vor, das unter dem finanziellen Aspekt Vorteile bietet. So ist die Testversion für drei Nutzer kostenlos erhältlich, und da man in der Online-Beratung in aller Regel nur einen Gesprächspartner hat, ist dies ausreichend. Außerdem bietet Spreed – wie auch CSN® – die Möglichkeit, die Präsentation als Folien hoch zu laden. Der Kunde sieht dann nicht den Bildschirm, sondern die hochgeladenen Folien. Dies verringert die Datenmenge, die übertragen werden muss, so dass auch Kunden mit langsameren DSL-Leitungen die Präsentation störungsfrei empfangen können.

Meine Meinung ist allerdings, dass CSN® die eindeutig besseren Funktionalitäten bietet und man gerade bei der Anschaffung des Übertragungs- und Präsentationstools nicht an der falschen Stelle sparen sollte.

! *Stopp, ich hätte da gleich zwei Fragen!*

Kann auch ein iPad eingesetzt werden?

Im Moment leider nicht. Die meisten Bildschirm-Übertragungsprogramme benötigen die Software-Applikation Java. Leider gibt es beim iPad nur eine eingeschränkte Java-Version, mit der die Übertragungsprogramme nicht funktionieren. Das kann sich natürlich ändern – wobei ich hier anmerken möchte, dass sich alle meine Angaben zum technischen Entwicklungstand und zur Leistungsfähigkeit der Geräte und Tools sowie zu den genannten Preisen auf den Stand der Dinge im August 2012 beziehen. Mittlerweile gibt es auch kleine Tablets, die als Betriebssystem Windows nutzen. Allerdings sind diese teilweise noch sehr teuer. Sie sollten also auf jeden Fall im Internet recherchieren und detailliertere Informationen einholen, bevor Sie mit der Einrichtung Ihres Online-Beratungsbüros beginnen.

Und die zweite Frage?

Ich vermisse bei Ihrer Darstellung die Webcam. Die ließe sich doch auch hervorragend für die Online-Beratung einsetzen – oder?

Hier bin ich anderer Ansicht. Je nach Übertragungsqualität richten Sie mit der Webcam mehr Schaden an als Nutzen. Denn wenn der Hintergrund und die Beleuchtung nicht passen, können Sie sich beim Kunden nicht glaubwürdig als Experte positionieren. Die schlechte Bildqualität lenkt vom Gespräch ab. Zudem begeben Sie sich des Vorteils, in legerer Kleidung, in der Sie sich rundum wohlfühlen, die Beratung durchzuführen. Oder gar im Schlafanzug, diesem Symbol für Ihre räumliche und zeitliche Unabhängigkeit. Hinzu kommt: Das bewegte Konterfei lenkt meiner Erfahrung nach allzu sehr von den Informationen ab, die Sie ja in den Mittelpunkt des Gesprächs stellen wollen. Sowohl der Kunde als auch Sie sind mit visuellen Nebensächlichkeiten beschäftigt. Die Konzentration auf das Wesentliche – sie geht einfach durch die Webcam verloren. Wenn überhaupt, empfehle ich den Einsatz einer Webcam nur zu Beginn oder ganz am Schluss der Beratung. Während des Beratungsgespräches sollte sie nicht genutzt werden.

Ein weiterer Tipp: Peppen Sie Ihre Online-Beratung wo immer möglich mit Bildern auf – die Sie zum Beispiel über Dienstleister wie fotolia.de beziehen. Die dort erhältlichen Bilder sind zum Teil auch lizenzfrei erhältlich. Bilder bieten wie Videos eine günstige Möglichkeit, mit visuellem Material auf sich aufmerksam zu machen.

Fix und flott zur eigenen Experten-Homepage

Vor allem brauchen Sie hier ein System zur Internetseitenerstellung, damit Sie rasch und einfach selbst etwas an Ihrer Internetseite ändern können. Wie bereits erwähnt: Ihre Internetseite lebt von der permanenten Veränderung und der Aktualität, gerade dann, wenn Ihre Besucher immer wieder kommen sollen und Sie ihnen stets etwas Neues und Informatives bieten müssen und möchten.

Dies gelingt mit einem Content Management System. Es funktioniert ähnlich wie ein Textverarbeitungsprogramm. Wer mit Textverarbeitungsprogrammen wie Word umgehen kann, der kommt auch mit diesen Programmen zur Internetseitengestaltung zurecht.

Mittlerweile sind solche Programme sehr intuitiv zu bedienen. Und das Beste daran ist, dass sie bereits für einen monatlichen Beitrag von 20 Euro erhältlich sind. Es handelt sich also wiederum um eine überschaubare Investition. Wenn Ihnen wieder an einer Empfehlung gelegen ist: Im Versicherungsbereich arbeite ich gerne mit Expertenhomepage.de und bei allen anderen Branchen mit Profipage.de. Aber auch die freie Software Wordpress ist möglich.

Dann benötigen Sie ein Programm, mit dem Sie automatisiert persönliche E-Mails verschicken und Ihre Marketingmühle in Bewegung setzen können, und zwar kontinuierlich, rund um die Uhr. Der Automailresponder – ich habe diese Funktion ja bereits angesprochen – verschickt automatisch zu jeder Tages- oder Nachtzeit die angeforderten Gratis-Downloads und an den darauffolgenden Tagen die E-Mails und Informationen, die den Kunden in seiner Kaufenergie anheizen. Ich empfehle Ihnen mit Cleverreach ein Programm, das ich zurzeit selbst nutze.

Zudem möchte ich Ihnen www.kokonkalender.de empfehlen, sofern Sie nach einem guten Anbieter suchen, bei dem Sie Ihren Online-Terminkalender beziehen können. Gerade für den Online-Kalender gibt es im Netz nur wenige günstige und gute Anbieter.

Filmstudio: Halten Sie die Einrichtungskosten niedrig

Wenn Sie Ihre Internetpräsenz durch eigene Videos optimieren möchten, sollten Sie sich ein eigenes Filmstudio einrichten. Was dazu notwendig ist, haben Sie in Schritt 6 erfahren – was aber kostet das Ganze im Einzelnen?

! *Stopp, ich hätte da eine Frage!*

Wie soll ich als Neuling feststellen, ob ich das richtige Equipment einkaufe?

Ich habe dieses Buch auch geschrieben, damit Sie aus meinen Fehlern lernen können. Warum sollten Sie dasselbe Lehrgeld zahlen wie ich? Meine Tipps helfen Ihnen bestimmt weiter – aber eventuell haben Sie die Möglichkeit, sich mit Beratern auszutauschen, die den Weg in die Online-Beratung bereits gegangen sind. Zudem gibt es Coachs und Trainer, die angehende Online-Berater gern in ihren Seminaren und Trainings unterstützen, den jeweils richtigen Weg zu finden.

Gewiss können Sie auch hier jemanden empfehlen.

Eigenlob stinkt nicht immer. Ich biete ein Drei-Monats-Umsetzungscoaching für angehende Online-Berater an, das aus drei Modulen zu den Themen Online-Beratung, Internetmarketing und Netzwerkmarketing besteht. Und in diesem Rahmen wird natürlich thematisiert, worauf Sie bei der Einrichtung Ihres Online-Büros achten sollten.

Als ich zum ersten Mal ein kleines Filmstudio in meinem Keller eingerichtet habe, bin ich sehr preisbewusst vorgegangen. Für eine hochwertige Kamera mit externem Mikrofoneingang, um auch das gesprochene Wort zu integrieren, wollte ich seinerzeit 800 Euro investieren. Für die Greenscreen-Wand bin ich unter die Ersteigerer gegangen und habe bei eBay 150 Euro bezahlt. Die vier Leuchten gab es bei Amazon für insgesamt 600 Euro, während das Stativ, ebenfalls über Amazon bezogen, um die 150 Euro gekostet hat. Die Software zur Videoproduktionstechnologie ist günstiger zu haben, als Sie vielleicht vermuten, nämlich für knapp 100 Euro.

Den Teleprompter habe ich mir selbst zusammengebastelt und dabei 500 Euro investiert. Er stellt eine ungeheure Erleichterung gerade für ungeübte

Berater und Trainer dar, die selten oder nie vor der Kamera agieren. So entfällt der Zwang, sich allzu sehr auf den Text, den Sie in die Kamera sprechen, zu konzentrieren.

Wahrscheinlich erinnern Sie sich an meine Hinweise in Schritt 6, Ihr Handy zu nutzen, um zum Beispiel während eines Kundenbesuchs einen kleinen Film aufzunehmen. Hier ist es ratsam, sich – wie bei allen Einrichtungsgegenständen für Ihr Online-Büro – bezüglich des Handy-Equipments im Internet zu Qualität und Preisen zu informieren.

Bei den Video-Haltern für Handys habe ich gute Erfahrungen gesammelt mit dem ProPromter SmartGrip Mobile 1, ein empfehlenswertes Tisch-Stativ für unsere ständigen Alltagsbegleiter ist das Joby Gorillapod Magnetic.

→Fazit

Die wichtigen Geräte und Tools für Ihr Online-Büro sind:

Online-Beratung

- PC/Laptop, Internetzugang, Telefon
- Tablet-PC, Headset, Eingabestift
- Übertragungs- und Präsentationsprogramm

Homepage

- Content Management System
- Automailresponder
- Online-Terminkalender

Filmstudio

- Kamera/Camcorder
- Videoproduktionstechnologie
- Green-/Bluescreenwand
- Leuchten

− Stativ

− Teleprompter

So − jetzt sind Sie gut gerüstet, um mit der Online-Beratung zu starten. Es gibt nichts Gutes, außer man tut es. Diesen Leitspruch kennen Sie wahrscheinlich. Auch bei der Online-Beratung ist es so. Kommen Sie ins Tun. Setzen Sie die Inhalte dieses Buches in die Tat um. Zeit- und Kostenersparnisse sowie begeisterte Kunden werden Ihr Lohn sein. Ergänzen Sie Ihr Leistungsangebot um die Online-Beratung!

Mit dem Smartphone einscannen:
http://www.kokon-strategie.de/toolliste/
Hier finden Sie eine aktualisierte Liste der verwendeten Programme und Tools.

Kommen Sie ins Handeln!

Gehen Sie jetzt auf Start und nutzen Sie die Notizen, die Sie während des Lesens angefertigt haben, um einen Umsetzungsplan zu erstellen. Oder aber Sie nehmen sich eine Stunde Zeit und notieren Ihre Überlegungen zu dem Gelesenen.

Sie haben nun die Wahl, ob das, was Sie in den „Sieben Schritten" erfahren haben, totes Wissen bleibt – oder ob es Ihnen hilft, Ihre Beratungs- und Verkaufstätigkeit um die Online-Beratung zu erweitern oder zu ergänzen. Es ist Ihre Entscheidung.

Ihre ersten Umsetzungsschritte

Wenn Sie einen Umsetzungsplan erstellen wollen, sollten Sie die folgenden Hinweise beachten:

1. Formulieren Sie Ihre konkrete Positionierung aus: Worin besteht Ihr individuelles Online-Beratungs-Business, worin ist Ihr Expertenstatus begründet?

2. Integrieren Sie die Online-Beratung in Ihr bisheriges Angebotsportfolio.

3. Stellen Sie bezüglich Ihrer Online-Beratungskompetenz die größten Kompetenzlücken fest, die sofort geschlossen werden müssen. Nutzen Sie dazu den Kompetenz-Check, den Sie zum Schluss des dritten Schrittes durchgeführt haben. Falls dies noch nicht geschehen ist – hier nochmals die Übersicht über die zehn Gesprächsphasen:

→ **Fazit**

Tabelle 2   Checkliste für den Kompetenz-Check

Gesprächsphase	Beschreibung / Kompetenz-Soll	Beschreibung / Kompetenz-Ist	Kompetenzlücke schließen durch
Kennenlernen, Begrüßung, Vorstellung			
Interesse wecken, Bedarf und Problem feststellen			
Vorqualifizierung			
Vorabschluss			
Lösungsmöglich-keiten präsentieren			
Einwände bearbeiten			
Abschluss, Weiter-empfehlung, Referenzen			
Verabschiedung			
Nachbereitung			
Cross Selling			

1. Erarbeiten Sie sich anhand der zehn Gesprächsphasen einen Gesprächsleitfaden, den Sie für Ihre ersten Online-Kontakte nutzen – so gewinnen
   Sie Sicherheit.

2. Erstellen Sie die notwendigen Materialien, die Sie benötigen, zum Beispiel die Präsentationsfolien.

3. Richten Sie Ihr Online-Beratungsbüro bedarfsgerecht ein, schaffen Sie
   sich die Technik an, die Sie brauchen, um Ihre ersten Online-
   Beratungsgespräche zu führen.

4. Legen Sie fest, wie Sie die Sogwirkung Ihrer Internetseite erhöhen können (Internetmarketing).

5. Erarbeiten Sie eine Strategie, um mehr Traffic auf Ihrer Homepage zu
   erzeugen (Netzwerkmarketing).

Meine Bitte an Sie: Legen Sie Prioritäten fest und erstellen Sie einen Zeitplan.
Nicht alle Aktivitäten müssen und können zeitgleich bearbeitet werden. Wo
drückt Sie der Umsetzungs-Schuh am meisten? Beginnen Sie an dieser Stelle
mit der Umsetzung – die Inhalte der einzelnen Kapitel helfen Ihnen dabei.

Prüfen Sie, ob Sie Unterstützung benötigen

Natürlich können Sie sich bei der Umsetzung Ihres Online-Beratungs-
konzepts auch professionell unterstützen lassen. Wie schon erwähnt, biete
ich ein Drei-Monats-Umsetzungscoaching für angehende Online-Berater an,
das aus Modulen zu den Themen Online-Beratung, Internetmarketing und
Netzwerkmarketing besteht.

Ganz gleich, bei wem Sie sich Unterstützung holen: Achten Sie darauf, dass
dabei thematisiert wird, wie Sie auch online eine persönliche und emotional
gefärbte Beziehung zum Kunden aufbauen und ein erlebnisorientiertes
Online-Beratungsgespräch führen können, bei dem trotzdem der Abschluss
nicht in Vergessenheit gerät.

In meinem Coaching erhalten Sie mehrere fertige Gesprächsleitfäden, die Sie
auf Ihren Namen und Ihre Firma umschreiben und sofort einsetzen können.
Und wir üben die Online-Beratung so lange, bis Sie in der Lage sind, opti-

mal mit der Technik umzugehen und ein schon recht professionelles Gespräch zu führen.

Und ab dann gilt: Auch hier macht die Übung den Meister.

Zukunfts-Thema Online-Beratung

Umfragen und Studien bestätigen immer wieder, dass das persönliche Kundengespräch der Erfolgsfaktor Nummer 1 ist und bleibt. Im Juni 2012 etwa hat eine repräsentative Umfrage für den Bereich der Finanzberatung ergeben, dass das persönliche Gespräch die wichtigste Art der Kundenkommunikation darstellt. Die Befragung wurde von der Initiative „Investmentfonds: Nur für alle" in Auftrag gegeben. Befragt wurden 504 Finanz-, Anlage- und Vermögensberater in Deutschland.

In diesem Buch haben Sie erfahren: Auch in der Online-Beratung hat die intensive persönliche Kundenbeziehung den größten Stellenwert, wobei dieser Kontakt über die Medien PC und Telefon vermittelt wird. Sie wissen nun, wie Sie auch über Telefon und Bildschirm ein emotionales Vertrauensverhältnis zum Kunden aufbauen.

Damit sollten Sie gut gewappnet sein für das Zukunftsthema Online-Beratung. Ich würde mich freuen, Sie weiterhin auf dem Weg zur professionellen Online-Beratung betreuen zu dürfen. Mein Ziel ist, in naher Zukunft vor allem in Vorträgen auf Veranstaltungen, Messen und Kongressen zu verdeutlichen, wie wichtig es für die Beratungsbranche, aber auch die Unternehmen sein wird, Online-Beratungskompetenz aufzubauen.

Falls Sie einmal auf einer dieser Veranstaltungen zugegen sein und einen Vortrag von mir hören sollten: Bitte sprechen Sie mich an. Vielleicht können Sie mir von Ihren Erfahrungen bei der Online-Beratung berichten.

Und vielleicht fließen Ihre Erfahrungen in mein nächstes Buch ein.

Mit dem Smartphone einscannen:
http://www.kokon-strategie.de/aktuell/
Hier finden Sie aktuelle Hinweise zur KOKON-Strategie.

Literatur

AchieveGlobal GmbH: Mitarbeitermotivation – eine Generationenfrage. Studie, 2009

Bernecker, Michael; Beilharz, Felix: Social Media Marketing. Strategien, Tipps und Tricks für die Praxis. Johanna-Verlag Köln 2011

Bernecker, Michael; Beilharz, Felix: Online-Marketing. Tipps und Hilfen für die Praxis. Johanna-Verlag Köln 2009

Bethge, Philip u. a.: Die fanatischen Vier. In: Der Spiegel 49/2011, S. 70-81

Buhr, Andreas: Vertrieb geht heute anders. Wie Sie den Kunden 3.0 begeistern. Gabal, Offenbach, 3. Auflage 2012

Fink, Klaus-J.: Bei Anruf Termin. Gabler, Wiesbaden, 3. Auflage 2005

Hofert, Svenja: Networking für Trainer, Berater, Coachs. Gabal, Offenbach, 2., überarbeitete Auflage 2012

Kreutzer, Ralf T.: Praxisorientiertes Online-Marketing: Konzepte – Instrumente – Checklisten. Springer Gabler, Wiesbaden 2012

Scherer, Hermann: Der Weg zum Topspeaker. Gabal, Offenbach 2012

Schmitz, Karl Werner: berühren – begreifen – kaufen. Haptisches Verkaufen in der Vertriebspraxis. mi-Wirtschaftsbuch, München, 2., aktualisierte Auflage 2010

Schmitz, Karl Werner: Haptisches Beratungsgespräch: Mit allen fünf Sinnen überzeugen (Preis-Nutzen-Argumentation). In: Versicherungsmagazin 11/2009, S. 78-79

Schwarz, Torsten: Erfolgreiches Online-Marketing. Haufe Verlag, Freiburg, Berlin München, 2. Auflage 2012

Seßler, Helmut: Limbic® Sales. Spitzenverkäufe durch Emotionen. Haufe Verlag, Freiburg, Berlin, München 2011

Stichwortverzeichnis

Abschluss 87
Abschluss (Angebot) 119
Abschlussverhinderer 77
After Sales 93
Anders Als Andere, AAA-
   Strategie 40
Argumente vortragen 83
Automailresponder 94

Begrüßungsfolie 69
Begrüßungsphase 66, 68
Begrüßungs-Podcast 125
Begrüßungs-Video 125
Beraterpersönlichkeit 41
Beratung per Telefon 17
Beratungskompetenz, sieben
   Schritte 22
Bildschirm, Aufbau 102
Bildschirmpräsentation 17, 48
Blogs 143
Bonitätsprüfung 111

Cocooning-Effekt 26
Cross Selling 97

Denk- und
   Verhaltenspräferenzen 53

Eingabestift 147
Einrichtungskosten 151
Einwände behandeln 84, 119

Elevator Pitch 68, 127
E-Mail-Versand, automatisch 94
Emotionaler Schlusspunkt 91
Emotionssysteme 46
Empfehlung 120
Experten-Homepage 150
Expertenstatus 61, 122, 124

Feedbackformulare 88
Filmstudio 128, 151
Finanzierungsantrag am
   Bildschirm 119
Folien 114, 127
Folieneinsatz 69, 80

Gefühlsebene 45
Gemeinsamkeiten
   herstellen 18, 105
Gesprächsleitfaden 101
Gesprächsschluss 92
Gesprächsstrategie 96
Gesprächsverlauf einer
   Beratung 103
Grundbedürfnisse
   des Menschen 49

Handy 129, 130
Haptische emotionale
   Erlebnisse 47
Headset 147
Hirnforschung 45
Homepage 44
Hybridkäufe 16

Interesse wecken 70
Internet 27, 29, 44
Internetmarketing 64, 121, 131
Internetseite 121

Ja, und-Technik 85

Kaufenergie 122
Kennenlernphase 66
Keywords 136, 140
Keywordtool 137
KOKON-Strategie 25
KOKON-Strategie,
   Ablaufsystematik 35
Kompetenz-Check 98
Konferenztool 148
Konkurrenzsituation 138
Kundenakquisition 134
Kundenbedarf ermitteln 72
Kundenkontaktbörse 121
Kundenlösung entwickeln 116
Kundentypen 52, 117

Longtails 136
Lösungsmöglichkeiten
   präsentieren 79

Marketingkonzept 43
Marketingmühle 36, 122
Medienbruch 33

Nachbereitung 93, 95
Nachfragetechnik 77

Networking-Aktivitäten 45
Netzwerkmarketing 64, 133
Nischensuchbegriffe 136, 138
Notizstift 119

Offpage-Optimierung 143
Online-Beratung, emotionale 45
Online-Beratung, Todsünden 39
Online-Beratung,
   Zukunftsthema 158
Online-Beratungsgespräch von
   Mensch zu Mensch 59
Online-Beratungsgespräch,
   Struktur 65
Online-Beratungsgespräch,
   zehn Phasen 63
Online-Beratungs-
   kompetenz 18, 43
Online-Beratungskompetenz,
   Vorteile 20
Online-Büro 145, 152
Online-Büro, virtuelles 104
Online-Expertenstatus 22
Online-Terminkalender 64
Online-Verkauf 15
Onpage-Optimierung 143

Persönlichkeitsprofile 53
Persönlich-vertrauensvolle
   Beratung 30
Positionierung 39, 137
Positionierungsschritte 42
PPPP (Pride, Pleasure, Profit,
   Peace) 49
Preis-Nutzen-Karten 83

Qualitätsinhalte 124

Referenzen 87
Reputations- und
    Erfahrungsvertrauen 60
Ressourcenverschwendung
    vermeiden 76

Screencast 128
Spiegelneuronen 46
Standardeinwände 84
Suchmaschinen 133
Suchmaschinen (Texte) 135
Suchmaschinen-Marketing 133
Suchmaschinenoptimierung 136
SUMO-Artikel 141

Technik 53
Technik im Online-Büro 147
Testimonial-Reihe 130

Umsetzung des
    Internetbusiness 55

Umsetzungsschritte 155
Unterhaltungswert 81

Verabschiedung 91
Vertrauen 105
Vertrauensaufbau 63, 106
Vertrauenstreiber 60
Vertrauenswürdigkeit 61
Video 126, 130
Videoproduktions-
    technologie 151
Virtueller Notizblock 72
Visitenkarte 109
Vorab-Nutzen 125
Vorabschluss 77, 113
Vorabschlussfrage 112
Vorqualifizierung 75

Webcam 149
Webinar 98
Weiterempfehlung 87
Wohlfühlzone Büro 145

Zuhören 72

Der Autor

Jan Helmut Hönle ist 1968 geboren, verheiratet und hat zwei Kinder.

Als Mann aus der Praxis ist er seit über 20 Jahren selbstständiger und erfolgreicher Unternehmer. Er ist Spezialist für Online- und Internetmarketing, Begründer der KOKON-Strategie und etablierter Online-Finanzierungs- und Versicherungsvermittler.

Mit den Methoden der KOKON-Strategie hat Jan Helmut Hönle bis zu 20 Millionen Baufinanzierungssumme im Jahr vermittelt, ohne dabei seine Kunden persönlich zu sehen. Durch die automatisierten Prozesse stand ihm hierbei lediglich eine Halbtagskraft im Innendienst zur Seite.

Seit 2009 gibt Jan Helmut Hönle als Ideengeber, Redner und Umsetzungs-Coach sein Wissen über die Online-Beratung und den Online-Verkauf in Keynote-Reden, Seminaren und individuellen Einzelcoachings weiter.

Kontakt

KOKON-Strategie
Jan Helmut Hönle
Limesstr. 33
D-91738 Pfofeld
Tel.: (0 98 34) 97 83 31
Fax: (0 98 34) 97 84 42
info@kokon-strategie.de
www.KOKON-Strategie.de